ARABISCH

WOORDENSCHAT

THEMATISCHE WOORDENLIJST

NEDERLANDS
ARABISCH

De meest bruikbare woorden
Om uw woordenschat uit te breiden en
uw taalvaardigheid aan te scherpen

3000 woorden

Thematische woordenschat Nederlands-Arabisch - 3000 woorden

Door Andrey Taranov

Woordenlijsten van T&P Books zijn bedoeld om u woorden van een vreemde taal te helpen leren, onthouden, en bestudering. Dit woordenboek is ingedeeld in thema's en behandelt alle belangrijk terreinen van het dagelijkse leven, bedrijven, wetenschap, cultuur, etc.

Het proces van het leren van woorden met behulp van de op thema's gebaseerde aanpak van T&P Books biedt u de volgende voordelen:

- Correct gegroepeerde informatie is bepalend voor succes bij opeenvolgende stadia van het leren van woorden
- De beschikbaarheid van woorden die van dezelfde stam zijn maakt het mogelijk om woordgroepen te onthouden (in plaats van losse woorden)
- Kleine groepen van woorden faciliteren het proces van het aanmaken van associatieve verbindingen, die nodig zijn bij het consolideren van de woordenschat
- Het niveau van talenkennis kan worden ingeschat door het aantal geleerde woorden

T&P Books Publishing
www.tpbooks.com

ISBN: 978-1-78716-730-8

Dit boek is ook beschikbaar in e-boek formaat.
Gelieve www.tpbooks.com te bezoeken of de belangrijkste online boekwinkels.

ARABISCHE WOORDENSCHAT
nieuwe woorden leren

T&P Books woordenlijsten zijn bedoeld om u te helpen vreemde woorden te leren, te onthouden, en te bestuderen. De woordenschat bevat meer dan 3000 veel gebruikte woorden die thematisch geordend zijn.

* De woordenlijst bevat de meest gebruikte woorden
* Aanbevolen als aanvulling bij welke taalcursus dan ook
* Voldoet aan de behoeften van de beginnende en gevorderde student in vreemde talen
* Geschikt voor dagelijks gebruik, bestudering en zelftestactiviteiten
* Maakt het mogelijk om uw woordenschat te evalueren

Bijzondere kenmerken van de woordenschat

* De woorden zijn gerangschikt naar hun betekenis, niet volgens alfabet
* De woorden worden weergegeven in drie kolommen om bestudering en zelftesten te vergemakkelijken
* Woorden in groepen worden verdeeld in kleine blokken om het leerproces te vergemakkelijken
* De woordenschat biedt een handige en eenvoudige beschrijving van elk buitenlands woord

De woordenschat bevat 101 onderwerpen zoals:

Basisconcepten, getallen, kleuren, maanden, seizoenen, meeteenheden, kleding en accessoires, eten & voeding, restaurant, familieleden, verwanten, karakter, gevoelens, emoties, ziekten, stad, dorp, bezienswaardigheden, winkelen, geld, huis, thuis, kantoor, werken op kantoor, import & export, marketing, werk zoeken, sport, onderwijs, computer, internet, gereedschap, natuur, landen, nationaliteiten en meer ...

INHOUDSOPGAVE

UITSPRAAKGIDS

T&P fonetisch alfabet	Arabisch voorbeeld	Nederlands voorbeeld
[a]	[ṭaffa] طَفَّى	acht
[ā]	[iχtār] إختار	aan, maart
[e]	[hamburger] هامبورجر	delen, spreken
[i]	[zifāf] زفاف	bidden, tint
[ī]	[abrīl] أبريل	team, portier
[u]	[kalkutta] كلكتا	hoed, doe
[ū]	[ʒāmūs] جاموس	neus, treurig
[b]	[bidāya] بداية	hebben
[d]	[saʿāda] سعادة	Dank u, honderd
[ḍ]	[waḍʿ] وضع	faryngale [d]
[ʒ]	[arʒantīn] الأرجنتين	journalist, rouge
[ð]	[tiðkār] تذكار	emfatische th - [z□]
[ẓ]	[ẓahar] ظهر	faryngale [z]
[f]	[χafīf] خفيف	feestdag, informeren
[g]	[gūlf] جولف	goal, tango
[h]	[ittiʒāh] إتّجاه	het, herhalen
[ḥ]	[aḥabb] أحبّ	faryngale [h]
[y]	[ðahabiy] ذهبيّ	New York, januari
[k]	[kursiy] كرسيّ	kennen, kleur
[l]	[lamaḥ] لمح	delen, luchter
[m]	[marṣad] مرصد	morgen, etmaal
[n]	[ʒanūb] جنوب	nemen, zonder
[p]	[kaputʃīnu] كابتشينو	parallel, koper
[q]	[waθiq] وثق	kennen, kleur
[r]	[rūḥ] روح	roepen, breken
[s]	[suχriyya] سخريّة	spreken, kosten
[ṣ]	[miʿṣam] معصم	faryngale [s]
[ʃ]	[ʿaʃāʾ] عشاء	shampoo, machine
[t]	[tannūb] تنّوب	tomaat, taart
[ṭ]	[χarīṭa] خريطة	faryngale [t]
[θ]	[mamūθ] ماموث	Stemloze dentaal, Engels - thank you
[v]	[vitnām] فيتنام	beloven, schrijven
[w]	[wadda] ودّع	twee, willen
[χ]	[baχīl] بخيل	licht, school
[ɣ]	[taɣadda] تغدّى	liegen, gaan
[z]	[māʿiz] ماعز	zeven, zesde
[ʿ] (ayn)	[sabʿa] سبعة	stemhebbende faryngale fricatief
[ʾ] (hamza)	[saʾal] سأل	glottisslag

AFKORTINGEN
gebruikt in de woordenschat

Arabische afkortingen

du	- dubbel meervoudig zelfstandig naamwoord
f	- vrouwelijk zelfstandig naamwoord
m	- mannelijk zelfstandig naamwoord
pl	- meervoud

Nederlandse afkortingen

abn	- als bijvoeglijk naamwoord
bijv.	- bijvoorbeeld
bn	- bijvoeglijk naamwoord
bw	- bijwoord
enk.	- enkelvoud
enz.	- enzovoort
form.	- formele taal
inform.	- informele taal
mann.	- mannelijk
mil.	- militair
mv.	- meervoud
on.ww.	- onovergankelijk werkwoord
ontelb.	- ontelbaar
ov.	- over
ov.ww.	- overgankelijk werkwoord
telb.	- telbaar
vn	- voornaamwoord
vrouw.	- vrouwelijk
vw	- voegwoord
vz	- voorzetsel
wisk.	- wiskunde
ww	- werkwoord

Nederlandse artikelen

de	- gemeenschappelijk geslacht
de/het	- gemeenschappelijk geslacht, onzijdig
het	- onzijdig

BASISBEGRIPPEN

1. Voornaamwoorden

ik	ana	أنا
jij, je (mann.)	anta	أنتَ
jij, je (vrouw.)	anti	أنتِ
hij	huwa	هو
zij, ze	hiya	هي
wij, we	naḥnu	نحن
jullie	antum	أنتم
zij, ze	hum	هم

2. Begroetingen. Begroetingen

Hallo!	as salāmu 'alaykum!	السلام عليكم!
Goedemorgen!	ṣabāḥ al ҳayr!	صباح الخير!
Goedemiddag!	nahārak saʿīd!	نهارك سعيد!
Goedenavond!	masā' al ҳayr!	مساء الخير!
gedag zeggen (groeten)	sallam	سلم
Hoi!	salām!	سلام!
groeten (het)	salām (m)	سلام
verwelkomen (ww)	sallam 'ala	سلم على
Hoe gaat het?	kayfa ḥāluka?	كيف حالك؟
Is er nog nieuws?	ma aҳbārak?	ما أخبارك؟
Dag! Tot ziens!	ma' as salāma!	مع السلامة!
Tot snel! Tot ziens!	ilal liqā'!	إلى اللقاء!
Vaarwel!	ma' as salāma!	مع السلامة!
afscheid nemen (ww)	wadda'	ودع
Tot kijk!	bay bay!	باي باي!
Dank u!	ʃukran!	شكراً!
Dank u wel!	ʃukran ʒazīlan!	شكراً جزيلاً!
Graag gedaan	'afwan	عفواً
Geen dank!	la ʃukr 'ala wāʒib	لا شكر على واجب
Geen moeite.	al 'afw	العفو
Excuseer me, ... (inform.)	'an iðnak!	عن أذنك!
Excuseer me, ... (form.)	'afwan!	عفواً!
excuseren (verontschuldigen)	'aðar	عذر
zich verontschuldigen	i'taðar	إعتذر
Mijn excuses.	ana 'āsif	أنا آسف
Het spijt me!	la tu'āҳiðni!	لا تؤاخذني!
vergeven (ww)	'afa	عفا

alsjeblieft	min faḍlak	من فضلك
Vergeet het niet!	la tansa!	لا تنس!
Natuurlijk!	ṭab'an!	طبعاً!
Natuurlijk niet!	abadan!	أبداً!
Akkoord!	ittafaqna!	إتفقنا!
Zo is het genoeg!	kifāya!	كفاية!

3. Vragen

| Wie? | man? | من؟ |
| Wat? | māða? | ماذا؟ |

Waar?	ayna?	أين؟
Waarheen?	ila ayna?	إلى أين؟
Waarvandaan?	min ayna?	من أين؟

Wanneer?	mata?	متى؟
Waarom?	li māða?	لماذا؟
Waarom?	li māða?	لماذا؟

Waarvoor dan ook?	li māða?	لماذا؟
Hoe?	kayfa?	كيف؟
Wat voor ...?	ay?	أي؟
Welk?	ay?	أي؟

Aan wie?	li man?	لمن؟
Over wie?	'amman?	عمّن؟
Waarover?	'amma?	عمّا؟
Met wie?	ma' man?	مع من؟

| Hoeveel? | kam? | كم؟ |
| Van wie? (mann.) | li man? | لمن؟ |

4. Voorzetsels

met (bijv. ~ beleg)	ma'	مع
zonder (~ accent)	bi dūn	بدون
naar (in de richting van)	ila	إلى
over (praten ~)	'an	عن

| voor (in tijd) | qabl | قبل |
| voor (aan de voorkant) | amām | أمام |

onder (lager dan)	taḥt	تحت
boven (hoger dan)	fawq	فوق
op (bovenop)	'ala	على

| van (uit, afkomstig van) | min | من |
| van (gemaakt van) | min | من |

| over (bijv. ~ een uur) | ba'd | بعد |
| over (over de bovenkant) | 'abr | عبر |

5. Functiewoorden. Bijwoorden. Deel 1

Waar?	ayna?	أين؟
hier (bw)	huna	هنا
daar (bw)	hunāk	هناك

| ergens (bw) | fi makānin ma | في مكان ما |
| nergens (bw) | la fi ay makān | لا في أي مكان |

| bij ... (in de buurt) | bi ʒānib | بجانب |
| bij het raam | bi ʒānib aʃ ʃubbāk | بجانب الشبّاك |

Waarheen?	ila ayna?	إلى أين؟
hierheen (bw)	huna	هنا
daarheen (bw)	hunāk	هناك
hiervandaan (bw)	min huna	من هنا
daarvandaan (bw)	min hunāk	من هناك

| dichtbij (bw) | qarīban | قريبًا |
| ver (bw) | baʿīdan | بعيدًا |

in de buurt (van ...)	ʿind	عند
dichtbij (bw)	qarīban	قريبًا
niet ver (bw)	ɣayr baʿīd	غير بعيد

linker (bn)	al yasār	اليسار
links (bw)	ʿalaʃ ʃimāl	على الشمال
linksaf, naar links (bw)	ilaʃ ʃimāl	إلى الشمال

rechter (bn)	al yamīn	اليمين
rechts (bw)	ʿalal yamīn	على اليمين
rechtsaf, naar rechts (bw)	Ilal yamīn	إلى اليمين

vooraan (bw)	min al amām	من الأمام
voorste (bn)	amāmiy	أمامي
vooruit (bw)	ilal amām	إلى الأمام

achter (bw)	warā'	وراء
van achteren (bw)	min al warā'	من الوراء
achteruit (naar achteren)	ilal warā'	إلى الوراء

| midden (het) | wasaṭ (m) | وسط |
| in het midden (bw) | fil wasat | في الوسط |

opzij (bw)	bi ʒānib	بجانب
overal (bw)	fi kull makān	في كل مكان
omheen (bw)	ḥawl	حول

binnenuit (bw)	min ad dāxil	من الداخل
naar ergens (bw)	ila ayy makān	إلى أي مكان
rechtdoor (bw)	bi aqṣar ṭarīq	بأقصر طريق
terug (bijv. ~ komen)	ʿīyāban	إيابًا
ergens vandaan (bw)	min ayy makān	من أي مكان
ergens vandaan (en dit geld moet ~ komen)	min makānin ma	من مكان ما

ten eerste (bw)	awwalan	أَوَّلَا
ten tweede (bw)	θāniyan	ثانِيَا
ten derde (bw)	θāliθan	ثالِثَا

plotseling (bw)	faʒ'a	فجأة
in het begin (bw)	fil bidāya	في البِدايَة
voor de eerste keer (bw)	li 'awwal marra	لأوّل مرّة
lang voor … (bw)	qabl … bi mudda ṭawīla	قبل...بِمدّة طويلة
opnieuw (bw)	min ʒadīd	من جديد
voor eeuwig (bw)	ilal abad	إلى الأبد

nooit (bw)	abadan	أبدًا
weer (bw)	min ʒadīd	من جديد
nu (bw)	al 'ān	الآن
vaak (bw)	kaθīran	كثيرًا
toen (bw)	fi ðalika al waqt	في ذلك الوقت
urgent (bw)	'āʒilan	عاجِلًا
meestal (bw)	kal 'āda	كالعادة

trouwens, … (tussen haakjes)	'ala fikra …	على فكرة...
mogelijk (bw)	min al mumkin	من الممكن
waarschijnlijk (bw)	la'alla	لعلّ
misschien (bw)	min al mumkin	من الممكن
trouwens (bw)	bil iḍāfa ila ðalik …	بالإضافة إلى...
daarom …	li ðalik	لذلك
in weerwil van …	bir raɣm min …	بالرغم من...
dankzij …	bi faḍl …	بفضل...

wat (vn)	allaði	الذي
dat (vw)	anna	أنَّ
iets (vn)	ʃay' (m)	شيء
iets	ʃay' (m)	شيء
niets (vn)	la ʃay'	لا شيء

wie (~ is daar?)	allaði	الذي
iemand (een onbekende)	aḥad	أحد
iemand (een bepaald persoon)	aḥad	أحد

niemand (vn)	la aḥad	لا أحد
nergens (bw)	la ila ay makān	لا إلى أي مكان
niemands (bn)	la yaχuṣṣ aḥad	لا يخص أحدًا
iemands (bn)	li aḥad	لأحد

zo (Ik ben ~ blij)	hakaða	هكذا
ook (evenals)	kaðalika	كذلك
alsook (eveneens)	ayḍan	أيضًا

6. Functiewoorden. Bijwoorden. Deel 2

Waarom?	li māða?	لماذا؟
om een bepaalde reden	li sababin ma	لسبب ما
omdat …	li'anna …	لأنّ...

voor een bepaald doel	li amr mā	لأمر ما
en (vw)	wa	و
of (vw)	aw	أو
maar (vw)	lakin	لكن
voor (vz)	li	ل

te (~ veel mensen)	kaθīran ʒiddan	كثير جداً
alleen (bw)	faqaṭ	فقط
precies (bw)	biḍ ḍabṭ	بالضبط
ongeveer (~ 10 kg)	naḥw	نحو

omstreeks (bw)	taqrīban	تقريباً
bij benadering (bn)	taqrībiy	تقريبيّ
bijna (bw)	taqrīban	تقريباً
rest (de)	al bāqi (m)	الباقي

elk (bn)	kull	كلّ
om het even welk	ayy	أيّ
veel (grote hoeveelheid)	kaθīr	كثير
veel mensen	kaθīr min an nās	كثير من الناس
iedereen (alle personen)	kull an nās	كلّ الناس

in ruil voor ...	muqābil ...	مقابل...
in ruil (bw)	muqābil	مقابل
met de hand (bw)	bil yad	باليد
onwaarschijnlijk (bw)	hayhāt	هيهات

waarschijnlijk (bw)	laʿalla	لعلّ
met opzet (bw)	qaṣdan	قصدا
toevallig (bw)	ṣudfa	صدفة

zeer (bw)	ʒiddan	جداً
bijvoorbeeld (bw)	maθalan	مثلا
tussen (~ twee steden)	bayn	بين
tussen (te midden van)	bayn	بين
zoveel (bw)	haðihi al kammiyya	هذه الكمية
vooral (bw)	χāṣṣa	خاصّة

GETALLEN. DIVERSEN

7. Kardinale getallen. Deel 1

nul	ṣifr	صفر
een	wāḥid	واحد
een (vrouw.)	wāḥida	واحدة
twee	iθnān	إثنان
drie	θalāθa	ثلاثة
vier	arba'a	أربعة

vijf	χamsa	خمسة
zes	sitta	ستّة
zeven	sab'a	سبعة
acht	θamāniya	ثمانية
negen	tis'a	تسعة

tien	'aʃara	عشرة
elf	aḥad 'aʃar	أحد عشر
twaalf	iθnā 'aʃar	إثنا عشر
dertien	θalāθat 'aʃar	ثلاثة عشر
veertien	arba'at 'aʃar	أربعة عشر

vijftien	χamsat 'aʃar	خمسة عشر
zestien	sittat 'aʃar	ستّة عشر
zeventien	sab'at 'aʃar	سبعة عشر
achttien	θamāniyat 'aʃar	ثمانية عشر
negentien	tis'at 'aʃar	تسعة عشر

twintig	'iʃrūn	عشرون
eenentwintig	wāḥid wa 'iʃrūn	واحد وعشرون
tweeëntwintig	iθnān wa 'iʃrūn	إثنان وعشرون
drieëntwintig	θalāθa wa 'iʃrūn	ثلاثة وعشرون

dertig	θalāθīn	ثلاثون
eenendertig	wāḥid wa θalāθūn	واحد وثلاثون
tweeëndertig	iθnān wa θalāθūn	إثنان وثلاثون
drieëndertig	θalāθa wa θalāθūn	ثلاثة وثلاثون

veertig	arba'ūn	أربعون
eenenveertig	wāḥid wa arba'ūn	واحد وأربعون
tweeënveertig	iθnān wa arba'ūn	إثنان وأربعون
drieënveertig	θalāθa wa arba'ūn	ثلاثة وأربعون

vijftig	χamsūn	خمسون
eenenvijftig	wāḥid wa χamsūn	واحد وخمسون
tweeënvijftig	iθnān wa χamsūn	إثنان وخمسون
drieënvijftig	θalāθa wa χamsūn	ثلاثة وخمسون
zestig	sittūn	ستّون
eenenzestig	wāḥid wa sittūn	واحد وستّون

tweeënzestig	iθnān wa sittūn	إثنان وستّون
drieënzestig	θalāθa wa sittūn	ثلاثة وستّون
zeventig	sab'ūn	سبعون
eenenzeventig	wāḥid wa sab'ūn	واحد وسبعون
tweeënzeventig	iθnān wa sab'ūn	إثنان وسبعون
drieënzeventig	θalāθa wa sab'ūn	ثلاثة وسبعون
tachtig	θamānūn	ثمانون
eenentachtig	wāḥid wa θamānūn	واحد وثمانون
tweeëntachtig	iθnān wa θamānūn	إثنان وثمانون
drieëntachtig	θalāθa wa θamānūn	ثلاثة وثمانون
negentig	tis'ūn	تسعون
eenennegentig	wāḥid wa tis'ūn	واحد وتسعون
tweeënnegentig	iθnān wa tis'ūn	إثنان وتسعون
drieënnegentig	θalāθa wa tis'ūn	ثلاثة وتسعون

8. Kardinale getallen. Deel 2

honderd	mi'a	مائة
tweehonderd	mi'atān	مائتان
driehonderd	θalāθumi'a	ثلاثمائة
vierhonderd	rub'umi'a	أربعمائة
vijfhonderd	χamsumi'a	خمسمائة
zeshonderd	sittumi'a	ستّمائة
zevenhonderd	sab'umi'a	سبعمائة
achthonderd	θamānimi'a	ثمانمائة
negenhonderd	tis'umi'a	تسعمائة
duizend	alf	ألف
tweeduizend	alfān	ألفان
drieduizend	θalāθat 'ālāf	ثلاثة آلاف
tienduizend	'aʃarat 'ālāf	عشرة آلاف
honderdduizend	mi'at alf	مائة ألف
miljoen (het)	milyūn (m)	مليون
miljard (het)	milyār (m)	مليار

9. Ordinale getallen

eerste (bn)	awwal	أوّل
tweede (bn)	θāni	ثان
derde (bn)	θāliθ	ثالث
vierde (bn)	rābi'	رابع
vijfde (bn)	χāmis	خامس
zesde (bn)	sādis	سادس
zevende (bn)	sābi'	سابع
achtste (bn)	θāmin	ثامن
negende (bn)	tāsi'	تاسع
tiende (bn)	'āʃir	عاشر

KLEUREN. MEETEENHEDEN

10. Kleuren

kleur (de)	lawn (m)	لون
tint (de)	daraʒat al lawn (m)	درجة اللون
kleurnuance (de)	ṣabɣit lūn (f)	لون
regenboog (de)	qaws quzaḥ (m)	قوس قزح

wit (bn)	abyaḍ	أبيض
zwart (bn)	aswad	أسود
grijs (bn)	ramādiy	رمادي

groen (bn)	aχḍar	أخضر
geel (bn)	aṣfar	أصفر
rood (bn)	aḥmar	أحمر

blauw (bn)	azraq	أزرق
lichtblauw (bn)	azraq fātiḥ	أزرق فاتح
roze (bn)	wardiy	وردي
oranje (bn)	burtuqāliy	برتقالي
violet (bn)	banafsaʒiy	بنفسجي
bruin (bn)	bunniy	بني

goud (bn)	ðahabiy	ذهبي
zilverkleurig (bn)	fiḍḍiy	فضي

beige (bn)	bɛ:ʒ	بيج
roomkleurig (bn)	ʿāʒiy	عاجي
turkoois (bn)	fayrūziy	فيروزي
kersrood (bn)	karaziy	كرزي
lila (bn)	laylakiy	ليلكي
karmijnrood (bn)	qirmiziy	قرمزي

licht (bn)	fātiḥ	فاتح
donker (bn)	ɣāmiq	غامق
fel (bn)	zāhi	زاه

kleur-, kleurig (bn)	mulawwan	ملون
kleuren- (abn)	mulawwan	ملون
zwart-wit (bn)	abyaḍ wa aswad	أبيض وأسود
eenkleurig (bn)	waḥīd al lawn, sāda	وحيد اللون, سادة
veelkleurig (bn)	mutaʿaddid al alwān	متعدد الألوان

11. Meeteenheden

gewicht (het)	wazn (m)	وزن
lengte (de)	ṭūl (m)	طول

breedte (de)	'arḍ (m)	عرض
hoogte (de)	irtifāʿ (m)	إرتفاع
diepte (de)	'umq (m)	عمق
volume (het)	ḥaʒm (m)	حجم
oppervlakte (de)	misāḥa (f)	مساحة

gram (het)	grām (m)	جرام
milligram (het)	milliɣrām (m)	مليغرام
kilogram (het)	kiluɣrām (m)	كيلوغرام
ton (duizend kilo)	ṭunn (m)	طن
pond (het)	raṭl (m)	رطل
ons (het)	ūnṣa (f)	أونصة

meter (de)	mitr (m)	متر
millimeter (de)	millimitr (m)	مليمتر
centimeter (de)	santimitr (m)	سنتيمتر
kilometer (de)	kilumitr (m)	كيلومتر
mijl (de)	mīl (m)	ميل

duim (de)	būṣa (f)	بوصة
voet (de)	qadam (f)	قدم
yard (de)	yārda (f)	ياردة

| vierkante meter (de) | mitr murabbaʿ (m) | متر مربع |
| hectare (de) | hiktār (m) | هكتار |

liter (de)	litr (m)	لتر
graad (de)	daraʒa (f)	درجة
volt (de)	vūlt (m)	فولت
ampère (de)	ambīr (m)	أمبير
paardenkracht (de)	ḥiṣān (m)	حصان

hoeveelheid (de)	kammiyya (f)	كمّية
een beetje ...	qalīl ...	قليل...
helft (de)	niṣf (m)	نصف
dozijn (het)	iθnā ʿaʃar (f)	إثنا عشر
stuk (het)	waḥda (f)	وحدة

| afmeting (de) | ḥaʒm (m) | حجم |
| schaal (bijv. ~ van 1 op 50) | miqyās (m) | مقياس |

minimaal (bn)	al adna	الأدنى
minste (bn)	al aṣɣar	الأصغر
medium (bn)	mutawassiṭ	متوسّط
maximaal (bn)	al aqṣa	الأقصى
grootste (bn)	al akbar	الأكبر

12. Containers

glazen pot (de)	barṭamān (m)	برطمان
blik (conserven~)	tanaka (f)	تنكة
emmer (de)	ʒardal (m)	جردل
ton (bijv. regenton)	barmīl (m)	برميل
ronde waterbak (de)	ḥawḍ lil ɣasīl (m)	حوض للغسيل

tank (bijv. watertank-70-ltr)	χazzān (m)	خَزَّان
heupfles (de)	zamzamiyya (f)	زمزميّة
jerrycan (de)	ʒirikan (m)	جركن
tank (bijv. ketelwagen)	χazzān (m)	خَزَّان

beker (de)	māgg (m)	ماجّ
kopje (het)	finʒān (m)	فنجان
schoteltje (het)	ṭabaq finʒān (m)	طبق فنجان
glas (het)	kubbāya (f)	كبّاية
wijnglas (het)	ka's (f)	كأس
pan (de)	kassirūlla (f)	كاسرولة

fles (de)	zuʒāʒa (f)	زجاجة
flessenhals (de)	ʿunq (m)	عنق

karaf (de)	dawraq zuʒāʒiy (m)	دورق زجاجيّ
kruik (de)	ibrīq (m)	إبريق
vat (het)	inā' (m)	إناء
pot (de)	aṣīṣ (m)	أصيص
vaas (de)	vāza (f)	فازة

flacon (de)	zuʒāʒa (f)	زجاجة
flesje (het)	zuʒāʒa (f)	زجاجة
tube (bijv. ~ tandpasta)	umbūba (f)	أنبوبة

zak (bijv. ~ aardappelen)	kīs (m)	كيس
tasje (het)	kīs (m)	كيس
pakje (~ sigaretten, enz.)	ʿulba (f)	علبة

doos (de)	ʿulba (f)	علبة
kist (de)	ṣundū' (m)	صندوق
mand (de)	salla (f)	سلّة

BELANGRIJKSTE WERKWOORDEN

13. De belangrijkste werkwoorden. Deel 1

aanbevelen (ww)	naṣaḥ	نصح
aandringen (ww)	aṣarr	أصرّ
aankomen (per auto, enz.)	waṣal	وصل
aanraken (ww)	lamas	لمس
adviseren (ww)	naṣaḥ	نصح

afdalen (on.ww.)	nazil	نزل
afslaan (naar rechts ~)	in'aṭaf	إنعطف
antwoorden (ww)	aʒāb	أجاب
bang zijn (ww)	χāf	خاف
bedreigen (bijv. met een pistool)	haddad	هدّد

bedriegen (ww)	χada'	خدع
beëindigen (ww)	atamm	أتمّ
beginnen (ww)	bada'	بدأ
begrijpen (ww)	fahim	فهم
beheren (managen)	adār	أدار

beledigen (met scheldwoorden)	ahān	أهان
beloven (ww)	wa'ad	وعد
bereiden (koken)	haḍḍar	حضّر
bespreken (spreken over)	nāqaʃ	ناقش

bestellen (eten ~)	ṭalab	طلب
bestraffen (een stout kind ~)	'āqab	عاقب
betalen (ww)	dafa'	دفع
betekenen (beduiden)	'ana	عنى
betreuren (ww)	nadim	ندم

bevallen (prettig vinden)	a'ʒab	أعجب
bevelen (mil.)	amar	أمر
bevrijden (stad, enz.)	harrar	حرّر
bewaren (ww)	hafaẓ	حفظ
bezitten (ww)	malak	ملك

bidden (praten met God)	ṣalla	صلّى
binnengaan (een kamer ~)	daχal	دخل
breken (ww)	kasar	كسر
controleren (ww)	tahakkam	تحكّم
creëren (ww)	χalaq	خلق

deelnemen (ww)	iʃtarak	إشترك
denken (ww)	ẓann	ظنّ
doden (ww)	qatal	قتل

| doen (ww) | 'amal | عمل |
| dorst hebben (ww) | arād an yaʃrab | أراد أن يشرب |

14. De belangrijkste werkwoorden. Deel 2

een hint geven	a'ṭa talmīḥ	أعطى تلميحًا
eisen (met klem vragen)	ṭālib	طالب
existeren (bestaan)	kān mawȝūd	كان موجودًا
gaan (te voet)	maʃa	مشى

gaan zitten (ww)	ȝalas	جلس
gaan zwemmen	sabaḥ	سبح
geven (ww)	a'ṭa	أعطى
glimlachen (ww)	ibtasam	إبتسم
goed raden (ww)	xamman	خمّن

| grappen maken (ww) | mazaḥ | مزح |
| graven (ww) | ḥafar | حفر |

hebben (ww)	malak	ملك
helpen (ww)	sā'ad	ساعد
herhalen (opnieuw zeggen)	karrar	كرّر
honger hebben (ww)	arād an ya'kul	أراد أن يأكل
hopen (ww)	tamanna	تمنى
horen (waarnemen met het oor)	sami'	سمع
huilen (wenen)	baka	بكى
huren (huis, kamer)	ista'ȝar	إستأجر
informeren (informatie geven)	axbar	أخبر

instemmen (akkoord gaan)	ittafaq	إتفق
jagen (ww)	iṣṭād	إصطاد
kennen (kennis hebben van iemand)	'araf	عرف
kiezen (ww)	ixtār	إختار
klagen (ww)	ʃaka	شكا

kosten (ww)	kallaf	كلّف
kunnen (ww)	istaṭā'	إستطاع
lachen (ww)	ḍaḥik	ضحك
laten vallen (ww)	awqa'	أوقع
lezen (ww)	qara'	قرأ

liefhebben (ww)	aḥabb	أحبّ
lunchen (ww)	taɣadda	تغدّى
nemen (ww)	axað	أخذ
nodig zijn (ww)	kān maṭlūb	كان مطلوبا

15. De belangrijkste werkwoorden. Deel 3

| onderschatten (ww) | istaxaff | إستخفّ |
| ondertekenen (ww) | waqqa' | وقّع |

ontbijten (ww)	afṭar	أفطر
openen (ww)	fataḥ	فتح
ophouden (ww)	tawaqqaf	توقف
opmerken (zien)	lāḥaẓ	لاحظ

opscheppen (ww)	tabāha	تباهى
opschrijven (ww)	katab	كتب
plannen (ww)	xaṭṭaṭ	خطط
prefereren (verkiezen)	faḍḍal	فضّل
proberen (trachten)	ḥāwal	حاول
redden (ww)	anqa∂	أنقذ

rekenen op ...	i'tamad 'ala ...	إعتمد على...
rennen (ww)	ʒara	جرى
reserveren (een hotelkamer ~)	ḥaʒaz	حجز
roepen (om hulp)	istaɣāθ	إستغاث
schieten (ww)	aṭlaq an nār	أطلق النار
schreeuwen (ww)	ṣaraх	صرخ

schrijven (ww)	katab	كتب
souperen (ww)	ta'aʃʃa	تعشّى
spelen (kinderen)	la'ib	لعب
spreken (ww)	takallam	تكلّم
stelen (ww)	saraq	سرق
stoppen (pauzeren)	waqaf	وقف

studeren (Nederlands ~)	daras	درس
sturen (zenden)	arsal	أرسل
tellen (optellen)	'add	عدّ
toebehoren aan ...	хaṣṣ	خصّ
toestaan (ww)	raххaṣ	رخّص
tonen (ww)	'araḍ	عرض

twijfelen (onzeker zijn)	ʃakk fi	شكّ في
uitgaan (ww)	хaraʒ	خرج
uitnodigen (ww)	da'a	دعا
uitspreken (ww)	naṭaq	نطق
uitvaren tegen (ww)	wabbaх	وبّخ

16. De belangrijkste werkwoorden. Deel 4

vallen (ww)	saqaṭ	سقط
vangen (ww)	amsak	أمسك
veranderen (anders maken)	ɣayyar	غيّر
verbaasd zijn (ww)	indahaʃ	إندهش
verbergen (ww)	хaba'	خبأ

verdedigen (je land ~)	dāfa'	دافع
verenigen (ww)	waḥḥad	وحّد
vergelijken (ww)	qāran	قارن
vergeten (ww)	nasiy	نسي
vergeven (ww)	'afa	عفا
verklaren (uitleggen)	ʃaraḥ	شرح

verkopen (per stuk ~)	bā'	باع
vermelden (praten over)	ðakar	ذكر
versieren (decoreren)	zayyan	زيّن
vertalen (ww)	tarʒam	ترجم

vertrouwen (ww)	waθiq	وثق
vervolgen (ww)	istamarr	إستمرّ
verwarren (met elkaar ~)	iχtalat	إختلط
verzoeken (ww)	talab	طلب
verzuimen (school, enz.)	χāb	غاب

vinden (ww)	waʒad	وجد
vliegen (ww)	tār	طار
volgen (ww)	taba'	تبع
voorstellen (ww)	iqtarah	إقترح
voorzien (verwachten)	tanabba'	تنبّأ
vragen (ww)	sa'al	سأل

waarnemen (ww)	rāqab	راقب
waarschuwen (ww)	haððar	حذّر
wachten (ww)	intazar	إنتظر
weerspreken (ww)	i'tarad	إعترض
weigeren (ww)	rafad	رفض

werken (ww)	'amal	عمل
weten (ww)	'araf	عرف
willen (verlangen)	arād	أراد
zeggen (ww)	qāl	قال
zich haasten (ww)	ista'ʒal	إستعجل

zich interesseren voor ...	ihtamm	إهتمّ
zich vergissen (ww)	aχta'	أخطأ
zich verontschuldigen	i'taðar	إعتذر
zien (ww)	ra'a	رأى

zijn (ww)	kān	كان
zoeken (ww)	bahaθ	بحث
zwemmen (ww)	sabah	سبح
zwijgen (ww)	sakat	سكت

TIJD. KALENDER

17. Dagen van de week

maandag (de)	yawm al iθnayn (m)	يوم الإثنين
dinsdag (de)	yawm aθ θulāθā' (m)	يوم الثلاثاء
woensdag (de)	yawm al arbi'ā' (m)	يوم الأربعاء
donderdag (de)	yawm al χamīs (m)	يوم الخميس
vrijdag (de)	yawm al ʒum'a (m)	يوم الجمعة
zaterdag (de)	yawm as sabt (m)	يوم السبت
zondag (de)	yawm al aḥad (m)	يوم الأحد

vandaag (bw)	al yawm	اليوم
morgen (bw)	ɣadan	غدًا
overmorgen (bw)	ba'd ɣad	بعد غد
gisteren (bw)	ams	أمس
eergisteren (bw)	awwal ams	أول أمس

dag (de)	yawm (m)	يوم
werkdag (de)	yawm 'amal (m)	يوم عمل
feestdag (de)	yawm al 'uṭla ar rasmiyya (m)	يوم العطلة الرسمية
verlofdag (de)	yawm 'uṭla (m)	يوم عطلة
weekend (het)	ayyām al 'uṭla (pl)	أيام العطلة

de hele dag (bw)	ṭūl al yawm	طول اليوم
de volgende dag (bw)	fil yawm at tāli	في اليوم التالي
twee dagen geleden	min yawmayn	قبل يومين
aan de vooravond (bw)	fil yawm as sābiq	في اليوم السابق
dag-, dagelijks (bn)	yawmiy	يومي
elke dag (bw)	yawmiyyan	يوميًا

week (de)	usbū' (m)	أسبوع
vorige week (bw)	fil isbū' al māḍi	في الأسبوع الماضي
volgende week (bw)	fil isbū' al qādim	في الأسبوع القادم
wekelijks (bn)	usbū'iy	أسبوعي
elke week (bw)	usbū'iyyan	أسبوعيًا
twee keer per week	marratayn fil usbū'	مرّتين في الأسبوع
elke dinsdag	kull yawm aθ θulaθā'	كل يوم الثلاثاء

18. Uren. Dag en nacht

morgen (de)	ṣabāḥ (m)	صباح
's morgens (bw)	fiṣ ṣabāḥ	في الصباح
middag (de)	ẓuhr (m)	ظهر
's middags (bw)	ba'd aẓ ẓuhr	بعد الظهر

| avond (de) | masā' (m) | مساء |
| 's avonds (bw) | fil masā' | في المساء |

nacht (de)	layl (m)	ليل
's nachts (bw)	bil layl	بالليل
middernacht (de)	muntaṣif al layl (m)	منتصف الليل
seconde (de)	θāniya (f)	ثانية
minuut (de)	daqīqa (f)	دقيقة
uur (het)	sā'a (f)	ساعة
halfuur (het)	niṣf sā'a (m)	نصف ساعة
kwartier (het)	rub' sā'a (f)	ربع ساعة
vijftien minuten	χamsat 'aʃar daqīqa	خمس عشرة دقيقة
etmaal (het)	yawm kāmil (m)	يوم كامل
zonsopgang (de)	ʃurūq aʃ ʃams (m)	شروق الشمس
dageraad (de)	faʒr (m)	فجر
vroege morgen (de)	ṣabāḥ bākir (m)	صباح باكر
zonsondergang (de)	ɣurūb aʃ ʃams (m)	غروب الشمس
's morgens vroeg (bw)	fis ṣabāḥ al bākir	في الصباح الباكر
vanmorgen (bw)	al yawm fiʃ ṣabāḥ	اليوم في الصباح
morgenochtend (bw)	ɣadan fiʃ ṣabāḥ	غدًا في الصباح
vanmiddag (bw)	al yawm ba'd aẓ ẓuhr	اليوم بعد الظهر
's middags (bw)	ba'd aẓ ẓuhr	بعد الظهر
morgenmiddag (bw)	ɣadan ba'd aẓ ẓuhr	غدًا بعد الظهر
vanavond (bw)	al yawm fil masā'	اليوم في المساء
morgenavond (bw)	ɣadan fil masā'	غدًا في المساء
klokslag drie uur	fis sā'a aθ θāliθa tamāman	في الساعة الثالثة تماما
ongeveer vier uur	fis sā'a ar rābi'a taqrīban	في الساعة الرابعة تقريبا
tegen twaalf uur	ḥattas sā'a aθ θāniya 'aʃara	حتى الساعة الثانية عشرة
over twintig minuten	ba'd 'iʃrīn daqīqa	بعد عشرين دقيقة
over een uur	ba'd sā'a	بعد ساعة
op tijd (bw)	fi maw'idih	في موعده
kwart voor ...	illa rub'	إلا ربع
binnen een uur	ṭiwāl sā'a	طوال الساعة
elk kwartier	kull rub' sā'a	كل ربع ساعة
de klok rond	layl nahār	ليل نهار

19. Maanden. Seizoenen

januari (de)	yanāyir (m)	يناير
februari (de)	fibrāyir (m)	فبراير
maart (de)	māris (m)	مارس
april (de)	abrīl (m)	أبريل
mei (de)	māyu (m)	مايو
juni (de)	yūnyu (m)	يونيو
juli (de)	yūlyu (m)	يوليو
augustus (de)	aɣusṭus (m)	أغسطس
september (de)	sibtambar (m)	سبتمبر
oktober (de)	uktūbir (m)	أكتوبر
november (de)	nuvimbar (m)	نوفمبر

december (de)	disimbar (m)	ديسمبر
lente (de)	rabīʿ (m)	ربيع
in de lente (bw)	fir rabīʿ	في الربيع
lente- (abn)	rabīʿiy	ربيعي

zomer (de)	ṣayf (m)	صيف
in de zomer (bw)	fiṣ ṣayf	في الصيف
zomer-, zomers (bn)	ṣayfiy	صيفي

herfst (de)	χarīf (m)	خريف
in de herfst (bw)	fil χarīf	في الخريف
herfst- (abn)	χarīfiy	خريفي

winter (de)	ʃitāʾ (m)	شتاء
in de winter (bw)	fiʃ ʃitāʾ	في الشتاء
winter- (abn)	ʃitawiy	شتوي

maand (de)	ʃahr (m)	شهر
deze maand (bw)	fi haða aʃ ʃahr	في هذا الشهر
volgende maand (bw)	fiʃ ʃahr al qādim	في الشهر القادم
vorige maand (bw)	fiʃ ʃahr al māḍi	في الشهر الماضي
een maand geleden (bw)	qabl ʃahr	قبل شهر
over een maand (bw)	baʿd ʃahr	بعد شهر
over twee maanden (bw)	baʿd ʃahrayn	بعد شهرين
de hele maand (bw)	ṭūl aʃ ʃahr	طول الشهر
een volle maand (bw)	ʃahr kāmil	شهر كامل

maand-, maandelijks (bn)	ʃahriy	شهري
maandelijks (bw)	kull ʃahr	كل شهر
elke maand (bw)	kull ʃahr	كل شهر
twee keer per maand	marratayn fiʃ ʃahr	مرّتين في الشهر

jaar (het)	sana (f)	سنة
dit jaar (bw)	fi haðihi as sana	في هذه السنة
volgend jaar (bw)	fis sana al qādima	في السنة القادمة
vorig jaar (bw)	fis sana al māḍiya	في السنة الماضية

een jaar geleden (bw)	qabla sana	قبل سنة
over een jaar	baʿd sana	بعد سنة
over twee jaar	baʿd sanatayn	بعد سنتين
het hele jaar	ṭūl as sana	طول السنة
een vol jaar	sana kāmila	سنة كاملة

elk jaar	kull sana	كل سنة
jaar-, jaarlijks (bn)	sanawiy	سنوي
jaarlijks (bw)	kull sana	كل سنة
4 keer per jaar	arbaʿ marrāt fis sana	أربع مرّات في السنة

datum (de)	tarīχ (m)	تاريخ
datum (de)	tarīχ (m)	تاريخ
kalender (de)	taqwīm (m)	تقويم

een half jaar	niṣf sana (m)	نصف سنة
zes maanden	niṣf sana (m)	نصف سنة
seizoen (bijv. lente, zomer)	faṣl (m)	فصل
eeuw (de)	qarn (m)	قرن

REIZEN. HOTEL

20. Trip. Reizen

toerisme (het)	siyāḥa (f)	سياحة
toerist (de)	sā'iḥ (m)	سائح
reis (de)	riḥla (f)	رحلة
avontuur (het)	muɣāmara (f)	مغامرة
tocht (de)	riḥla (f)	رحلة
vakantie (de)	'uṭla (f)	عطلة
met vakantie zijn	'indahu 'uṭla	عنده عطلة
rust (de)	istirāḥa (f)	إستراحة
trein (de)	qiṭār (m)	قطار
met de trein	bil qiṭār	بالقطار
vliegtuig (het)	ṭā'ira (f)	طائرة
met het vliegtuig	biṭ ṭā'ira	بالطائرة
met de auto	bis sayyāra	بالسيّارة
per schip (bw)	bis safīna	بالسفينة
bagage (de)	aʃ ʃunaṭ (pl)	الشنط
valies (de)	ḥaqībat safar (f)	حقيبة سفر
bagagekarretje (het)	'arabat ʃunaṭ (f)	عربة شنط
paspoort (het)	ʒawāz as safar (m)	جواز السفر
visum (het)	ta'ʃīra (f)	تأشيرة
kaartje (het)	taðkira (f)	تذكرة
vliegticket (het)	taðkirat ṭā'ira (f)	تذكرة طائرة
reisgids (de)	dalīl (m)	دليل
kaart (de)	χarīṭa (f)	خريطة
gebied (landelijk ~)	mintaqa (f)	منطقة
plaats (de)	makān (m)	مكان
exotische bestemming (de)	ɣarāba (f)	غرابة
exotisch (bn)	ɣarīb	غريب
verwonderlijk (bn)	mudhiʃ	مدهش
groep (de)	maʒmū'a (f)	مجموعة
rondleiding (de)	ʒawla (f)	جولة
gids (de)	murʃid (m)	مرشد

21. Hotel

hotel (het)	funduq (m)	فندق
motel (het)	mutīl (m)	موتيل
3-sterren	θalāθat nuʒūm	ثلاثة نجوم

| 5-sterren | χamsat nuʒūm | خمسة نجوم |
| overnachten (ww) | nazal | نزل |

kamer (de)	γurfa (f)	غرفة
eenpersoonskamer (de)	γurfa li ʃaχṣ wāḥid (f)	غرفة لشخص واحد
tweepersoonskamer (de)	γurfa li ʃaχṣayn (f)	غرفة لشخصين
een kamer reserveren	ḥaʒaz γurfa	حجز غرفة

| halfpension (het) | waʒbitān fil yawm (du) | وجبتان في اليوم |
| volpension (het) | θalāθ waʒabāt fil yawm | ثلاث وجبات في اليوم |

met badkamer	bi ḥawḍ al istiḥmām	بحوض الإستحمام
met douche	bid duʃ	بالدوش
satelliet-tv (de)	tilivizyūn faḍā'iy (m)	تلفزيون فضائي
airconditioner (de)	takyīf (m)	تكييف
handdoek (de)	fūṭa (f)	فوطة
sleutel (de)	miftāḥ (m)	مفتاح

administrateur (de)	mudīr (m)	مدير
kamermeisje (het)	'āmilat tanẓīf γuraf (f)	عاملة تنظيف غرف
piccolo (de)	ḥammāl (m)	حمّال
portier (de)	bawwāb (m)	بوّاب

restaurant (het)	maṭ'am (m)	مطعم
bar (de)	bār (m)	بار
ontbijt (het)	fuṭūr (m)	فطور
avondeten (het)	'aʃā' (m)	عشاء
buffet (het)	bufīh (m)	بوفيه

| hal (de) | radha (f) | ردهة |
| lift (de) | miṣ'ad (m) | مصعد |

| NIET STOREN | ar raʒā' 'adam al iz'āʒ | الرجاء عدم الإزعاج |
| VERBODEN TE ROKEN! | mamnū' at tadχīn | ممنوع التدخين |

22. Bezienswaardigheden

monument (het)	timθāl (m)	تمثال
vesting (de)	qal'a (f), ḥiṣn (m)	قلعة, حصن
paleis (het)	qaṣr (m)	قصر
kasteel (het)	qal'a (f)	قلعة
toren (de)	burʒ (m)	برج
mausoleum (het)	ḍarīḥ (m)	ضريح

architectuur (de)	handasa mi'māriyya (f)	هندسة معمارية
middeleeuws (bn)	min al qurūn al wusṭa	من القرون الوسطى
oud (bn)	qadīm	قديم
nationaal (bn)	waṭaniy	وطني
bekend (bn)	maʃhūr	مشهور

toerist (de)	sā'iḥ (m)	سائح
gids (de)	murʃid (m)	مرشد
rondleiding (de)	ʒawla (f)	جولة
tonen (ww)	'araḍ	عرض

vertellen (ww)	haddaθ	حدّث
vinden (ww)	waʒad	وجد
verdwalen (de weg kwijt zijn)	ḍā'	ضاع
plattegrond (~ van de metro)	χarīṭa (f)	خريطة
plattegrond (~ van de stad)	χarīṭa (f)	خريطة
souvenir (het)	tiðkār (m)	تذكار
souvenirwinkel (de)	maḥall hadāya (m)	محلّ هدايا
foto's maken	ṣawwar	صوّر
zich laten fotograferen	taṣawwar	تصوّر

VERVOER

23. Vliegveld

luchthaven (de)	maṭār (m)	مطار
vliegtuig (het)	ṭā'ira (f)	طائرة
luchtvaartmaatschappij (de)	ʃarikat ṭayarān (f)	شركة طيران
luchtverkeersleider (de)	marāqib al ḥaraka al ʒawwiyya (pl)	مراقب الحركة الجوية

vertrek (het)	muɣādara (f)	مغادرة
aankomst (de)	wuṣūl (m)	وصول
aankomen (per vliegtuig)	waṣal	وصل

vertrektijd (de)	waqt al muɣādara (m)	وقت المغادرة
aankomstuur (het)	waqt al wuṣūl (m)	وقت الوصول

vertraagd zijn (ww)	ta'aχχar	تأخّر
vluchtvertraging (de)	ta'aχχur ar riḥla (m)	تأخّر الرحلة

informatiebord (het)	lawḥat al ma'lūmāt (f)	لوحة المعلومات
informatie (de)	isti'lāmāt (pl)	إستعلامات
aankondigen (ww)	a'lan	أعلن
vlucht (bijv. KLM ~)	riḥla (f)	رحلة

douane (de)	ʒamārik (pl)	جمارك
douanier (de)	muwaẓẓaf al ʒamārik (m)	موظف الجمارك

douaneaangifte (de)	taṣrīḥ ʒumrukiy (m)	تصريح جمركيّ
invullen (douaneaangifte ~)	mala'	ملأ
een douaneaangifte invullen	mala' at taṣrīḥ	ملأ التصريح
paspoortcontrole (de)	taftīʃ al ʒawāzāt (m)	تفتيش الجوازات

bagage (de)	aʃ ʃunaṭ (pl)	الشنط
handbagage (de)	ʃunaṭ al yad (pl)	شنط اليد
bagagekarretje (het)	'arabat ʃunaṭ (f)	عربة شنط

landing (de)	hubūṭ (m)	هبوط
landingsbaan (de)	mamarr al hubūṭ (m)	ممرّ الهبوط
landen (ww)	habaṭ	هبط
vliegtuigtrap (de)	sullam aṭ ṭā'ira (m)	سلّم الطائرة

inchecken (het)	tasʒīl (m)	تسجيل
incheckbalie (de)	makān at tasʒīl (m)	مكان التسجيل
inchecken (ww)	saʒʒal	سجّل
instapkaart (de)	biṭāqat ṣu'ūd (f)	بطاقة صعود
gate (de)	bawwābat al muɣādara (f)	بوّابة المغادرة

transit (de)	tranzīt (m)	ترانزيت
wachten (ww)	intazar	إنتظر

wachtzaal (de)	qā'at al muɣādara (f)	قاعة المغادرة
begeleiden (uitwuiven)	wadda'	ودّع
afscheid nemen (ww)	wadda'	ودّع

24. Vliegtuig

vliegtuig (het)	ṭā'ira (f)	طائرة
vliegticket (het)	taðkirat ṭā'ira (f)	تذكرة طائرة
luchtvaartmaatschappij (de)	ʃarikat ṭayarān (f)	شركة طيران
luchthaven (de)	maṭār (m)	مطار
supersonisch (bn)	χāriq liṣ ṣawt	خارق للصوت

gezagvoerder (de)	qā'id aṭ ṭā'ira (m)	قائد الطائرة
bemanning (de)	ṭāqim (m)	طاقم
piloot (de)	ṭayyār (m)	طيّار
stewardess (de)	muḍīfat ṭayarān (f)	مضيفة طيران
stuurman (de)	mallāḥ (m)	ملّاح

vleugels (mv.)	aȝniḥa (pl)	أجنحة
staart (de)	ðayl (m)	ذيل
cabine (de)	kabīna (f)	كابينة
motor (de)	mutūr (m)	موتور

landingsgestel (het)	'aȝalāt al hubūṭ (pl)	عجلات الهبوط
turbine (de)	turbīna (f)	تربينة

propeller (de)	mirwaḥa (f)	مروحة
zwarte doos (de)	musaȝȝil aṭ ṭayarān (m)	مسجّل الطيران

stuur (het)	'aȝalat qiyāda (f)	عجلة قيادة
brandstof (de)	wuqūd (m)	وقود

veiligheidskaart (de)	biṭāqat as salāma (f)	بطاقة السلامة
zuurstofmasker (het)	qinā' uksiȝīn (m)	قناع أوكسيجين
uniform (het)	libās muwaḥḥad (m)	لباس موحّد

reddingsvest (de)	sutrat naȝāt (f)	سترة نجاة
parachute (de)	miẓallat hubūṭ (f)	مظلّة هبوط

opstijgen (het)	iqlā' (m)	إقلاع
opstijgen (ww)	aqla'at	أقلعت
startbaan (de)	madraȝ aṭ ṭā'irāt (m)	مدرج الطائرات

zicht (het)	ru'ya (f)	رؤية
vlucht (de)	ṭayarān (m)	طيران

hoogte (de)	irtifā' (m)	إرتفاع
luchtzak (de)	ȝayb hawā'iy (m)	جيب هوائيّ

plaats (de)	maq'ad (m)	مقعد
koptelefoon (de)	sammā'āt ra'siya (pl)	سمّاعات رأسيّة
tafeltje (het)	ṣīniyya qābila liṭ ṭayy (f)	صينية قابلة للطيّ
venster (het)	ʃubbāk aṭ ṭā'ira (m)	شبّاك الطائرة
gangpad (het)	mamarr (m)	ممرّ

25. Trein

trein (de)	qiṭār (m)	قطار
elektrische trein (de)	qiṭār (m)	قطار
sneltrein (de)	qiṭār sarī' (m)	قطار سريع
diesellocomotief (de)	qāṭirat dīzil (f)	قاطرة ديزل
stoomlocomotief (de)	qāṭira buخāriyya (f)	قاطرة بخارية
rijtuig (het)	'araba (f)	عربة
restauratierijtuig (het)	'arabat al maṭ'am (f)	عربة المطعم
rails (mv.)	quḍubān (pl)	قضبان
spoorweg (de)	sikka ḥadīdiyya (f)	سكة حديدية
dwarsligger (de)	'āriḍa (f)	عارضة
perron (het)	raṣīf (m)	رصيف
spoor (het)	خaṭṭ (m)	خط
semafoor (de)	simafūr (m)	سيمافور
halte (bijv. kleine treinhalte)	maḥaṭṭa (f)	محطة
machinist (de)	sā'iq (m)	سائق
kruier (de)	ḥammāl (m)	حمّال
conducteur (de)	mas'ūl 'arabat al qiṭār (m)	مسؤول عربة القطار
passagier (de)	rākib (m)	راكب
controleur (de)	kamsariy (m)	كمسري
gang (in een trein)	mamarr (m)	ممرّ
noodrem (de)	farāmil aṭ ṭawāri' (pl)	فرامل الطوارئ
coupé (de)	خurfa (f)	غرفة
bed (slaapplaats)	sarīr (m)	سرير
bovenste bed (het)	sarīr 'ulwiy (m)	سرير علوي
onderste bed (het)	sarīr sufliy (m)	سرير سفلي
beddengoed (het)	aخṭiyat as sarīr (pl)	أغطية السرير
kaartje (het)	taðkira (f)	تذكرة
dienstregeling (de)	ʒadwal (m)	جدول
informatiebord (het)	lawḥat ma'lūmāt (f)	لوحة معلومات
vertrekken (De trein vertrekt ...)	خādar	غادر
vertrek (ov. een trein)	muخādara (f)	مغادرة
aankomen (ov. de treinen)	waṣal	وصل
aankomst (de)	wuṣūl (m)	وصول
aankomen per trein	waṣal bil qiṭār	وصل بالقطار
in de trein stappen	rakib al qiṭār	ركب القطار
uit de trein stappen	nazil min al qiṭār	نزل من القطار
treinwrak (het)	ḥiṭām qiṭār (m)	حطام قطار
ontspoord zijn	خaraʒ 'an خaṭṭ sayrih	خرج عن خطّ سيره
stoomlocomotief (de)	qāṭira buخāriyya (f)	قاطرة بخارية
stoker (de)	'aṭaʒiy (m)	عطشجي
stookplaats (de)	furn al muḥarrik (m)	فرن المحرّك
steenkool (de)	faḥm (m)	فحم

26. Schip

schip (het)	safīna (f)	سفينة
vaartuig (het)	safīna (f)	سفينة
stoomboot (de)	bāχira (f)	باخرة
motorschip (het)	bāχira nahriyya (f)	باخرة نهرية
lijnschip (het)	bāχira siyahiyya (f)	باخرة سياحية
kruiser (de)	ṭarrād (m)	طرّاد
jacht (het)	yaχt (m)	يخت
sleepboot (de)	qāṭira (f)	قاطرة
duwbak (de)	ṣandal (m)	صندل
ferryboot (de)	'abbāra (f)	عبّارة
zeilboot (de)	safīna ʃirā'iyya (m)	سفينة شراعية
brigantijn (de)	markab ʃirā'iy (m)	مركب شراعي
ijsbreker (de)	muhaṭṭimat ʒalīd (f)	محطّمة جليد
duikboot (de)	γawwāṣa (f)	غوّاصة
boot (de)	markab (m)	مركب
sloep (de)	zawraq (m)	زورق
reddingssloep (de)	qārib naʒāt (m)	قارب نجاة
motorboot (de)	lanʃ (m)	لنش
kapitein (de)	qubṭān (m)	قبطان
zeeman (de)	baḥḥār (m)	بحّار
matroos (de)	baḥḥār (m)	بحّار
bemanning (de)	ṭāqim (m)	طاقم
bootsman (de)	raʼīs al bahḥāra (m)	رئيس البحّارة
scheepsjongen (de)	ṣabiy as safīna (m)	صبي السفينة
kok (de)	ṭabbāχ (m)	طبّاخ
scheepsarts (de)	ṭabīb as safīna (m)	طبيب السفينة
dek (het)	saṭh as safīna (m)	سطح السفينة
mast (de)	sāriya (f)	سارية
zeil (het)	ʃirā' (m)	شراع
ruim (het)	'ambar (m)	عنبر
voorsteven (de)	muqaddama (m)	مقدّمة
achtersteven (de)	mu'aχirat as safīna (f)	مؤخّرة السفينة
roeispaan (de)	miʒðāf (m)	مجذاف
schroef (de)	mirwaha (f)	مروحة
kajuit (de)	kabīna (f)	كابينة
officierskamer (de)	γurfat al istirāha (f)	غرفة الإستراحة
machinekamer (de)	qism al 'ālāt (m)	قسم الآلات
brug (de)	burʒ al qiyāda (m)	برج القيادة
radiokamer (de)	γurfat al lāsilkiy (f)	غرفة اللاسلكيّ
radiogolf (de)	mawʒa (f)	موجة
logboek (het)	siʒil as safīna (m)	سجل السفينة
verrekijker (de)	minẓār (m)	منظار
klok (de)	ʒaras (m)	جرس

vlag (de)	'alam (m)	علم
kabel (de)	ḥabl (m)	حبل
knoop (de)	'uqda (f)	عقدة

leuning (de)	drabizīn (m)	درابزين
trap (de)	sullam (m)	سلم

anker (het)	mirsāt (f)	مرساة
het anker lichten	rafa' mirsāt	رفع مرساة
het anker neerlaten	rasa	رسا
ankerketting (de)	silsilat mirsāt (f)	سلسلة مرساة

haven (bijv. containerhaven)	mīnā' (m)	ميناء
kaai (de)	marsa (m)	مرسى
aanleggen (ww)	rasa	رسا
wegvaren (ww)	aqla'	أقلع

reis (de)	riḥla (f)	رحلة
cruise (de)	riḥla baḥriyya (f)	رحلة بحرية
koers (de)	masār (m)	مسار
route (de)	ṭarīq (m)	طريق

vaarwater (het)	maʒra milāḥiy (m)	مجرى ملاحيّ
zandbank (de)	miyāh ḍaḥla (f)	مياه ضحلة
stranden (ww)	ʒanaḥ	جنح

storm (de)	'āṣifa (f)	عاصفة
signaal (het)	iʃāra (f)	إشارة
zinken (ov. een boot)	ɣariq	غرق
Man overboord!	saqaṭ raʒul min as safīna!	سقط رجل من السفينة!
SOS (noodsignaal)	nidā' iɣāθa (m)	نداء إغاثة
reddingsboei (de)	ṭawq naʒāt (m)	طوق نجاة

STAD

27. Stedelijk vervoer

bus, autobus (de)	bāṣ (m)	باص
tram (de)	trām (m)	ترام
trolleybus (de)	truli bāṣ (m)	ترولي باص
route (de)	χaṭṭ (m)	خط
nummer (busnummer, enz.)	raqm (m)	رقم

rijden met ...	rakib ...	ركب...
stappen (in de bus ~)	rakib	ركب
afstappen (ww)	nazil min	نزل من

halte (de)	mawqif (m)	موقف
volgende halte (de)	al maḥaṭṭa al qādima (f)	المحطة القادمة
eindpunt (het)	āχir maḥaṭṭa (f)	آخر محطة
dienstregeling (de)	ȝadwal (m)	جدول
wachten (ww)	intaẓar	إنتظر

kaartje (het)	taðkira (f)	تذكرة
reiskosten (de)	uȝra (f)	أجرة

kassier (de)	ṣarrāf (m)	صرّاف
kaartcontrole (de)	taftīʃ taðkira (m)	تفتيش تذكرة
controleur (de)	mufattiʃ taðākir (m)	مفتش تذاكر

te laat zijn (ww)	ta'aχχar	تأخر
missen (de bus ~)	ta'aχχar	تأخر
zich haasten (ww)	ista'ȝal	إستعجل

taxi (de)	taksi (m)	تاكسي
taxichauffeur (de)	sā'iq taksi (m)	سائق تاكسي
met de taxi (bw)	bit taksi	بالتاكسي
taxistandplaats (de)	mawqif taksi (m)	موقف تاكسي
een taxi bestellen	kallam tāksi	كلّم تاكسي
een taxi nemen	aχað taksi	أخذ تاكسي

verkeer (het)	ḥarakat al murūr (f)	حركة المرور
file (de)	zaḥmat al murūr (f)	زحمة المرور
spitsuur (het)	sā'at að ðurwa (f)	ساعة الذروة
parkeren (on.ww.)	awqaf	أوقف
parkeren (ov.ww.)	awqaf	أوقف
parking (de)	mawqif as sayyārāt (m)	موقف السيارات

metro (de)	mitru (m)	مترو
halte (bijv. kleine treinhalte)	maḥaṭṭa (f)	محطة
de metro nemen	rakib al mitru	ركب المترو
trein (de)	qiṭār (m)	قطار
station (treinstation)	maḥaṭṭat qiṭār (f)	محطة قطار

28. Stad. Het leven in de stad

stad (de)	madīna (f)	مدينة
hoofdstad (de)	ʿāṣima (f)	عاصمة
dorp (het)	qarya (f)	قرية

plattegrond (de)	xarīṭat al madīna (f)	خريطة المدينة
centrum (ov. een stad)	markaz al madīna (m)	مركز المدينة
voorstad (de)	ḍāḥiya (f)	ضاحية
voorstads- (abn)	aḍ ḍawāḥi	الضواحي

randgemeente (de)	aṭrāf al madīna (pl)	أطراف المدينة
omgeving (de)	ḍawāḥi al madīna (pl)	ضواحي المدينة
blok (huizenblok)	ḥayy (m)	حي
woonwijk (de)	ḥayy sakaniy (m)	حي سكني

verkeer (het)	ḥarakat al murūr (f)	حركة المرور
verkeerslicht (het)	iʃārāt al murūr (pl)	إشارات المرور
openbaar vervoer (het)	wasāʾil an naql (pl)	وسائل النقل
kruispunt (het)	taqāṭuʿ (m)	تقاطع

zebrapad (oversteekplaats)	maʿbar al muʃāt (m)	معبر المشاة
onderdoorgang (de)	nafaq muʃāt (m)	نفق مشاة
oversteken (de straat ~)	ʿabar	عبر
voetganger (de)	māʃi (m)	ماش
trottoir (het)	raṣīf (m)	رصيف

brug (de)	ʒisr (m)	جسر
dijk (de)	kurnīʃ (m)	كورنيش
fontein (de)	nāfūra (f)	نافورة

allee (de)	mamʃa (m)	ممشى
park (het)	ḥadīqa (f)	حديقة
boulevard (de)	bulvār (m)	بولفار
plein (het)	maydān (m)	ميدان
laan (de)	ʃāriʿ (m)	شارع
straat (de)	ʃāriʿ (m)	شارع
zijstraat (de)	zuqāq (m)	زقاق
doodlopende straat (de)	ṭarīq masdūd (m)	طريق مسدود

huis (het)	bayt (m)	بيت
gebouw (het)	mabna (m)	مبنى
wolkenkrabber (de)	nāṭiḥat saḥāb (f)	ناطحة سحاب

gevel (de)	wāʒiha (f)	واجهة
dak (het)	saqf (m)	سقف
venster (het)	ʃubbāk (m)	شباك
boog (de)	qaws (m)	قوس
pilaar (de)	ʿamūd (m)	عمود
hoek (ov. een gebouw)	zāwiya (f)	زاوية

vitrine (de)	vatrīna (f)	فترينة
gevelreclame (de)	lāfita (f)	لافتة
affiche (de/het)	mulṣaq (m)	ملصق
reclameposter (de)	mulṣaq iʿlāniy (m)	ملصق إعلاني

aanplakbord (het)	lawḥat i'lānāt (f)	لوحة إعلانات
vuilnis (de/het)	zubāla (f)	زبالة
vuilnisbak (de)	ṣundūq zubāla (m)	صندوق زبالة
afval weggooien (ww)	rama zubāla	رمى زبالة
stortplaats (de)	mazbala (f)	مزبلة

telefooncel (de)	kuʃk tilifūn (m)	كشك تليفون
straatlicht (het)	'amūd al miṣbāḥ (m)	عمود المصباح
bank (de)	dikka (f), kursiy (m)	دكة, كرسي

politieagent (de)	ʃurṭiy (m)	شرطي
politie (de)	ʃurṭa (f)	شرطة
zwerver (de)	ʃaḥḥāð (m)	شحّاذ
dakloze (de)	mutaʃarrid (m)	متشرّد

29. Stedelijke instellingen

winkel (de)	maḥall (m)	محلّ
apotheek (de)	ṣaydaliyya (f)	صيدلية
optiek (de)	al adawāt al baṣariyya (pl)	الأدوات البصرية
winkelcentrum (het)	markaz tiʒāriy (m)	مركز تجاري
supermarkt (de)	subirmarkit (m)	سوبرماركت

bakkerij (de)	maxbaz (m)	مخبز
bakker (de)	xabbāz (m)	خبّاز
banketbakkerij (de)	dukkān ḥalawāniy (m)	دكّان حلواني
kruidenier (de)	baqqāla (f)	بقّالة
slagerij (de)	malḥama (f)	ملحمة

groentewinkel (de)	dukkān xuḍār (m)	دكّان خضار
markt (de)	sūq (f)	سوق

koffiehuis (het)	kafé (m), maqha (m)	كافيه, مقهى
restaurant (het)	maṭ'am (m)	مطعم
bar (de)	ḥāna (f)	حانة
pizzeria (de)	maṭ'am pizza (m)	مطعم بيتزا

kapperssalon (de/het)	ṣālūn ḥilāqa (m)	صالون حلاقة
postkantoor (het)	maktab al barīd (m)	مكتب البريد
stomerij (de)	tanẓīf ʒāff (m)	تنظيف جافّ
fotostudio (de)	istūdiyu taṣwīr (m)	إستوديو تصوير

schoenwinkel (de)	maḥall aḥðiya (m)	محلّ أحذية
boekhandel (de)	maḥall kutub (m)	محلّ كتب
sportwinkel (de)	maḥall riyāḍiy (m)	محلّ رياضي

kledingreparatie (de)	maḥall xiyāṭat malābis (m)	محلّ خياطة ملابس
kledingverhuur (de)	maḥall ta'ʒīr malābis rasmiyya (m)	محلّ تأجير ملابس رسمية
videotheek (de)	maḥal ta'ʒīr vidiyu (m)	محلّ تأجير فيديو

circus (de/het)	sirk (m)	سيرك
dierentuin (de)	ḥadīqat al ḥayawān (f)	حديقة حيوان
bioscoop (de)	sinima (f)	سينما

museum (het)	mathaf (m)	متحف
bibliotheek (de)	maktaba (f)	مكتبة
theater (het)	masrah (m)	مسرح
opera (de)	ubra (f)	أوبرا
nachtclub (de)	malha layliy (m)	ملهى ليلي
casino (het)	kazinu (m)	كازينو
moskee (de)	masʒid (m)	مسجد
synagoge (de)	kanīs ma'bad yahūdiy (m)	كنيس معبد يهودي
kathedraal (de)	katidrā'iyya (f)	كاتدرائية
tempel (de)	ma'bad (m)	معبد
kerk (de)	kanīsa (f)	كنيسة
instituut (het)	kulliyya (m)	كلية
universiteit (de)	ʒāmi'a (f)	جامعة
school (de)	madrasa (f)	مدرسة
gemeentehuis (het)	muqāṭa'a (f)	مقاطعة
stadhuis (het)	baladiyya (f)	بلدية
hotel (het)	funduq (m)	فندق
bank (de)	bank (m)	بنك
ambassade (de)	safāra (f)	سفارة
reisbureau (het)	ʃarikat siyāha (f)	شركة سياحة
informatieloket (het)	maktab al isti'lāmāt (m)	مكتب الإستعلامات
wisselkantoor (het)	ṣarrāfa (f)	صرّافة
metro (de)	mitru (m)	مترو
ziekenhuis (het)	mustaʃfa (m)	مستشفى
benzinestation (het)	mahaṭṭat banzīn (f)	محطة بنزين
parking (de)	mawqif as sayyārāt (m)	موقف السيّارات

30. Borden

gevelreclame (de)	lāfita (f)	لافتة
opschrift (het)	bayān (m)	بيان
poster (de)	mulṣaq i'lāniy (m)	ملصق إعلاني
wegwijzer (de)	'alāmat ittiʒāh (f)	علامة إتّجاه
pijl (de)	'alāmat iʃāra (f)	علامة إشارة
waarschuwing (verwittiging)	tahðīr (m)	تحذير
waarschuwingsbord (het)	lāfitat tahðīr (f)	لافتة تحذير
waarschuwen (ww)	haððar	حذّر
vrije dag (de)	yawm 'uṭla (m)	يوم عطلة
dienstregeling (de)	ʒadwal (m)	جدول
openingsuren (mv.)	awqāt al 'amal (pl)	أوقات العمل
WELKOM!	ahlan wa sahlan!	أهلًا وسهلًا
INGANG	duχūl	دخول
UITGANG	χurūʒ	خروج
DUWEN	idfa'	إدفع

TREKKEN	isḥab	إسحب
OPEN	maftūḥ	مفتوح
GESLOTEN	muɣlaq	مغلق

| DAMES | lis sayyidāt | للسيدات |
| HEREN | lir riʒāl | للرجال |

KORTING	xaṣm	خصم
UITVERKOOP	taxfīḍāt	تخفيضات
NIEUW!	ʒadīd!	جديد!
GRATIS	maʒʒānan	مجّانًا

PAS OP!	intibāh!	إنتباه!
VOLGEBOEKT	kull al amākin maḥʒūza	كل الأماكن محجوزة
GERESERVEERD	maḥʒūz	محجوز

| ADMINISTRATIE | idāra | إدارة |
| ALLEEN VOOR PERSONEEL | lil 'āmilīn faqaṭ | للعاملين فقط |

GEVAARLIJKE HOND	iḥðar wuʒūd al kalb	إحذر وجود الكلب
VERBODEN TE ROKEN!	mamnū' at tadxīn	ممنوع التدخين
NIET AANRAKEN!	'adam al lams	عدم اللمس

GEVAARLIJK	xaṭīr	خطير
GEVAAR	xaṭar	خطر
HOOGSPANNING	tayyār 'āli	تيّار عالي
VERBODEN TE ZWEMMEN	as sibāḥa mamnū'a	السباحة ممنوعة
BUITEN GEBRUIK	mu'aṭṭal	معطل

ONTVLAMBAAR	sarī' al iʃti'āl	سريع الإشتعال
VERBODEN	mamnū'	ممنوع
DOORGANG VERBODEN	mamnū' al murūr	ممنوع المرور
OPGELET PAS GEVERFD	iḥðar ṭilā' ɣayr ʒāff	إحذر طلاء غير جاف

31. Winkelen

kopen (ww)	iʃtara	إشترى
aankoop (de)	ʃay' (m)	شيء
winkelen (ww)	iʃtara	إشترى
winkelen (het)	ʃubinɣ (m)	شوبينغ

| open zijn (ov. een winkel, enz.) | maftūḥ | مفتوح |
| gesloten zijn (ww) | muɣlaq | مغلق |

schoeisel (het)	aḥðiya (pl)	أحذية
kleren (mv.)	malābis (pl)	ملابس
cosmetica (mv.)	mawādd at taʒmīl (pl)	موادّ التجميل
voedingswaren (mv.)	ma'kūlāt (pl)	مأكولات
geschenk (het)	hadiyya (f)	هديّة

| verkoper (de) | bā'i' (m) | بائع |
| verkoopster (de) | bā'i'a (f) | بائعة |

kassa (de)	ṣundū' ad daf' (m)	صندوق الدفع
spiegel (de)	mir'āt (f)	مرآة
toonbank (de)	minḍada (f)	منضدة
paskamer (de)	ɣurfat al qiyās (f)	غرفة القياس

aanpassen (ww)	ʒarrab	جرّب
passen (ov. kleren)	nāsab	ناسب
bevallen (prettig vinden)	a'ʒab	أعجب

prijs (de)	si'r (m)	سعر
prijskaartje (het)	tikit as si'r (m)	تيكت السعر
kosten (ww)	kallaf	كلّف
Hoeveel?	bikam?	بكم؟
korting (de)	xaṣm (m)	خصم

niet duur (bn)	ɣayr ɣāli	غير غال
goedkoop (bn)	raxīṣ	رخيص
duur (bn)	ɣāli	غال
Dat is duur.	haða ɣāli	هذا غال

verhuur (de)	isti'ʒār (m)	إستئجار
huren (smoking, enz.)	ista'ʒar	إستأجر
krediet (het)	i'timān (m)	إئتمان
op krediet (bw)	bid dayn	بالدين

KLEDING EN ACCESSOIRES

32. Bovenkleding. Jassen

kleren (mv.)	malābis (pl)	ملابس
bovenkleding (de)	malābis fawqāniyya (pl)	ملابس فوقانيّة
winterkleding (de)	malābis ʃitawiyya (pl)	ملابس شتويّة
jas (de)	miʿṭaf (m)	معطف
bontjas (de)	miʿṭaf farw (m)	معطف فرو
bontjasje (het)	ʒakīt farw (m)	جاكيت فرو
donzen jas (de)	haʃiyyat rīʃ (m)	حشية ريش
jasje (bijv. een leren ~)	ʒākīt (m)	جاكيت
regenjas (de)	miʿṭaf lil maṭar (m)	معطف للمطر
waterdicht (bn)	ṣāmid lil māʾ	صامد للماء

33. Heren & dames kleding

overhemd (het)	qamīṣ (m)	قميص
broek (de)	banṭalūn (m)	بنطلون
jeans (de)	ʒīnz (m)	جينز
colbert (de)	sutra (f)	سترة
kostuum (het)	badla (f)	بدلة
jurk (de)	fustān (m)	فستان
rok (de)	tannūra (f)	تنّورة
blouse (de)	blūza (f)	بلوزة
wollen vest (de)	kardigān (m)	كارديجان
blazer (kort jasje)	ʒākīt (m)	جاكيت
T-shirt (het)	ti ʃirt (m)	تي شيرت
shorts (mv.)	ʃūrt (m)	شورت
trainingspak (het)	badlat at tadrīb (f)	بدلة التدريب
badjas (de)	θawb hammām (m)	ثوب حمّام
pyjama (de)	biʒāma (f)	بيجاما
sweater (de)	bulūvir (m)	بلوفر
pullover (de)	bulūvir (m)	بلوفر
gilet (het)	ṣudayriy (m)	صديريّ
rokkostuum (het)	badlat sahra (f)	بدلة سهرة
smoking (de)	smūkin (m)	سموكن
uniform (het)	zayy muwahhad (m)	زي موحّد
werkkleding (de)	θiyāb al ʿamal (m)	ثياب العمل
overall (de)	uvirūl (m)	اوفرول
doktersjas (de)	θawb (m)	ثوب

34. Kleding. Ondergoed

ondergoed (het)	malābis dāχiliyya (pl)	ملابس داخليّة
herenslip (de)	sirwāl dāχiliy riʒāliy (m)	سروال داخلي رجاليّ
slipjes (mv.)	sirwāl dāχiliy nisā'iy (m)	سروال داخلي نسائيّ
onderhemd (het)	qamīṣ bila aqmām (m)	قميص بلا أكمام
sokken (mv.)	ʒawārib (pl)	جوارب

nachthemd (het)	qamīṣ nawm (m)	قميص نوم
beha (de)	ḥammālat ṣadr (f)	حمّالة صدر
kniekousen (mv.)	ʒawārib ṭawīla (pl)	جوارب طويلة
panty (de)	ʒawārib kulūn (pl)	جوارب كولون
nylonkousen (mv.)	ʒawārib nisā'iyya (pl)	جوارب نسائية
badpak (het)	libās sibāḥa (m)	لباس سباحة

35. Hoofddeksels

hoed (de)	qubba'a (f)	قبّعة
deukhoed (de)	burnayṭa (f)	برنيطة
honkbalpet (de)	kāb baysbūl (m)	كاب بيسبول
kleppet (de)	qubba'a musaṭṭaḥa (f)	قبّعة مسطحة

baret (de)	birīh (m)	بيريه
kap (de)	ɣiṭā' (m)	غطاء
panamahoed (de)	qubba'at banāma (f)	قبّعة بناما
gebreide muts (de)	qubbā'a maḥbūka (m)	قبّعة محبوكة

| hoofddoek (de) | ʔjārb (m) | إيشارب |
| dameshoed (de) | burnayṭa (f) | برنيطة |

veiligheidshelm (de)	χūða (f)	خوذة
veldmuts (de)	kāb (m)	كاب
helm, valhelm (de)	χūða (f)	خوذة

| bolhoed (de) | qubba'at dirbi (f) | قبّعة ديربي |
| hoge hoed (de) | qubba'a 'āliya (f) | قبّعة عالية |

36. Schoeisel

schoeisel (het)	aḥðiya (pl)	أحذية
schoenen (mv.)	ʒazma (f)	جزمة
vrouwenschoenen (mv.)	ʒazma (f)	جزمة
laarzen (mv.)	būt (m)	بوت
pantoffels (mv.)	ʃibʃib (m)	شبشب

sportschoenen (mv.)	ḥiðā' riyāḍiy (m)	حذاء رياضيّ
sneakers (mv.)	kutʃi (m)	كوتشي
sandalen (mv.)	ṣandal (pl)	صندل

| schoenlapper (de) | iskāfiy (m) | إسكافيّ |
| hiel (de) | ka'b (m) | كعب |

paar (een ~ schoenen)	zawʒ (m)	زوج
veter (de)	ʃarīṭ (m)	شريط
rijgen (schoenen ~)	rabaṭ	ربط
schoenlepel (de)	labbāsat ḥiðā' (f)	لبّاسة حذاء
schoensmeer (de/het)	warnīʃ al ḥiðā' (m)	ورنيش الحذاء

37. Persoonlijke accessoires

handschoenen (mv.)	quffāz (m)	قفّاز
wanten (mv.)	quffāz muɣlaq (m)	قفّاز مغلق
sjaal (fleece ~)	ʃārb (m)	إيشارب

bril (de)	naẓẓāra (f)	نظّارة
brilmontuur (het)	iṭār (m)	إطار
paraplu (de)	ʃamsiyya (f)	شمسيّة
wandelstok (de)	'aṣa (f)	عصا
haarborstel (de)	furʃat ʃa'r (f)	فرشة شعر
waaier (de)	mirwaḥa yadawiyya (f)	مروحة يدويّة

das (de)	karavatta (f)	كرافتة
strikje (het)	babyūn (m)	ببيون
bretels (mv.)	ḥammāla (f)	حمّالة
zakdoek (de)	mandīl (m)	منديل

kam (de)	miʃṭ (m)	مشط
haarspeldje (het)	dabbūs (m)	دبّوس
schuifspeldje (het)	bansa (f)	بنسة
gesp (de)	bukla (f)	بكلة

broekriem (de)	ḥizām (m)	حزام
draagriem (de)	ḥammalat al katf (f)	حمّالة الكتف

handtas (de)	ʃanṭa (f)	شنطة
damestas (de)	ʃanṭat yad (f)	شنطة يد
rugzak (de)	ḥaqībat ẓahr (f)	حقيبة ظهر

38. Kleding. Diversen

mode (de)	mūḍa (f)	موضة
de mode (bn)	fil mūḍa	في الموضة
kledingstilist (de)	muṣammim azyā' (m)	مصمّم أزياء

kraag (de)	yāqa (f)	ياقة
zak (de)	ʒayb (m)	جيب
zak- (abn)	ʒayb	جيب
mouw (de)	kumm (m)	كمّ
lusje (het)	'allāqa (f)	علّاقة
gulp (de)	lisān (m)	لسان

rits (de)	zimām munzaliq (m)	زمام منزلق
sluiting (de)	miʃbak (m)	مشبك
knoop (de)	zirr (m)	زرّ

knoopsgat (het)	'urwa (f)	عروة
losraken (bijv. knopen)	waqa'	وقع

naaien (kleren, enz.)	χāṭ	خاط
borduren (ww)	ṭarraz	طرّز
borduursel (het)	taṭrīz (m)	تطريز
naald (de)	ibra (f)	إبرة
draad (de)	χayṭ (m)	خيط
naad (de)	darz (m)	درز

vies worden (ww)	tawassaχ	توسّخ
vlek (de)	buq'a (f)	بقعة
gekreukt raken (ov. kleren)	takarmaʃ	تكرمش
scheuren (ov.ww.)	qaṭṭa'	قطّع
mot (de)	'uθθa (f)	عثّة

39. Persoonlijke verzorging. Schoonheidsmiddelen

tandpasta (de)	ma'ʒūn asnān (m)	معجون أسنان
tandenborstel (de)	furʃat asnān (f)	فرشة أسنان
tanden poetsen (ww)	naẓẓaf al asnān	نظّف الأسنان

scheermes (het)	mūs ḥilāqa (m)	موس حلاقة
scheerschuim (het)	krīm ḥilāqa (m)	كريم حلاقة
zich scheren (ww)	ḥalaq	حلق

zeep (de)	ṣābūn (m)	صابون
shampoo (de)	ʃāmbū (m)	شامبو

schaar (de)	maqaṣṣ (m)	مقصّ
nagelvijl (de)	mibrad (m)	مبرد
nagelknipper (de)	milqaṭ (m)	ملقط
pincet (het)	milqaṭ (m)	ملقط

cosmetica (mv.)	mawādd at taʒmīl (pl)	موادّ التجميل
masker (het)	mask (m)	ماسك
manicure (de)	manikūr (m)	مانيكور
manicure doen	'amal manikūr	عمل مانيكور
pedicure (de)	badikīr (m)	باديكير

cosmetica tasje (het)	ḥaqībat adawāt at taʒmīl (f)	حقيبة أدوات التجميل
poeder (de/het)	budrat waʒh (f)	بودرة وجه
poederdoos (de)	'ulbat būdra (f)	علبة بودرة
rouge (de)	aḥmar χudūd (m)	أحمر خدود

parfum (de/het)	'iṭr (m)	عطر
eau de toilet (de)	kulūnya (f)	كولونيا
lotion (de)	lusiyun (m)	لوسيون
eau de cologne (de)	kulūniya (f)	كولونيا

oogschaduw (de)	ay ʃaduw (m)	اي شادو
oogpotlood (het)	kuḥl al 'uyūn (m)	كحل العيون
mascara (de)	maskara (f)	ماسكارا
lippenstift (de)	aḥmar ʃifāh (m)	أحمر شفاه

nagellak (de)	mulammi' al aẓāfir (m)	ملمّع الاظافر
haarlak (de)	muθabbit aʃ ʃaʿr (m)	مثبّت الشعر
deodorant (de)	muzīl rawā'iḥ (m)	مزيل روائح

crème (de)	krīm (m)	كريم
gezichtscrème (de)	krīm lil waʒh (m)	كريم للوجه
handcrème (de)	krīm lil yadayn (m)	كريم لليدين
antirimpelcrème (de)	krīm muḍādd lit taʒāʿīd (m)	كريم مضادّ للتجاعيد
dagcrème (de)	krīm an nahār (m)	كريم النهار
nachtcrème (de)	krīm al layl (m)	كريم الليل
dag- (abn)	nahāriy	نهاريّ
nacht- (abn)	layliy	ليلي

tampon (de)	tambūn (m)	تانبون
toiletpapier (het)	waraq ḥammām (m)	ورق حمّام
föhn (de)	muʒaffif ʃaʿr (m)	مجفف شعر

40. Horloges. Klokken

polshorloge (het)	sāʿa (f)	ساعة
wijzerplaat (de)	waʒh as sāʿa (m)	وجه الساعة
wijzer (de)	ʿaqrab as sāʿa (m)	عقرب الساعة
metalen horlogeband (de)	siwār sāʿa maʿdaniyya (m)	سوار ساعة معدنية
horlogebandje (het)	siwār sāʿa (m)	سوار ساعة

batterij (de)	baṭṭāriyya (f)	بطّاريّة
leeg zijn (ww)	tafarraɣ	تفرّغ
batterij vervangen	ɣayyar al baṭṭāriyya	غيّر البطّاريّة
voorlopen (ww)	sabaq	سبق
achterlopen (ww)	ta'axxar	تأخّر

wandklok (de)	sāʿat ḥā'iṭ (f)	ساعة حائط
zandloper (de)	sāʿa ramliyya (f)	ساعة رملية
zonnewijzer (de)	sāʿa ʃamsiyya (f)	ساعة شمسية
wekker (de)	munabbih (m)	منبّه
horlogemaker (de)	saʿātiy (m)	ساعاتيّ
repareren (ww)	aṣlaḥ	أصلح

ALLEDAAGSE ERVARING

41. Geld

geld (het)	nuqūd (pl)	نقود
ruil (de)	taḥwīl ʻumla (m)	تحويل عملة
koers (de)	siʻr aṣ ṣarf (m)	سعر الصرف
geldautomaat (de)	ṣarrāf ʼāliy (m)	صرّاف آلي
muntstuk (de)	qiṭʻa naqdiyya (f)	قطعة نقدية

dollar (de)	dulār (m)	دولار
euro (de)	yuru (m)	يورو

lire (de)	lira iṭāliyya (f)	ليرة إيطالية
Duitse mark (de)	mark almāniy (m)	مارك ألماني
frank (de)	frank (m)	فرنك
pond sterling (het)	ʒunayh istirlīniy (m)	جنيه استرليني
yen (de)	yīn (m)	ين

schuld (geldbedrag)	dayn (m)	دين
schuldenaar (de)	mudīn (m)	مدين
uitlenen (ww)	sallaf	سلّف
lenen (geld ~)	istalaf	إستلف

bank (de)	bank (m)	بنك
bankrekening (de)	ḥisāb (m)	حساب
storten (ww)	awdaʻ	أودع
op rekening storten	awdaʻ fil ḥisāb	أودع في الحساب
opnemen (ww)	saḥab min al ḥisāb	سحب من الحساب

kredietkaart (de)	biṭāqat iʼtimān (f)	بطاقة إئتمان
baar geld (het)	nuqūd (pl)	نقود
cheque (de)	ʃīk (m)	شيك
een cheque uitschrijven	katab ʃīk	كتب شيكًا
chequeboekje (het)	daftar ʃīkāt (m)	دفتر شيكات

portefeuille (de)	maḥfaẓat ʒīb (f)	محفظة جيب
geldbeugel (de)	maḥfaẓat fakka (f)	محفظة فكّة
safe (de)	xizāna (f)	خزانة

erfgenaam (de)	wāris (m)	وارث
erfenis (de)	wirāθa (f)	وراثة
fortuin (het)	θarwa (f)	ثروة

huur (de)	ʼīʒār (m)	إيجار
huurprijs (de)	uʒrat as sakan (f)	أجرة السكن
huren (huis, kamer)	istaʼʒar	إستأجر

prijs (de)	siʻr (m)	سعر
kostprijs (de)	θaman (m)	ثمن

som (de)	mablaɣ (m)	مبلغ
uitgeven (geld besteden)	ṣaraf	صرف
kosten (mv.)	maṣārīf (pl)	مصاريف
bezuinigen (ww)	waffar	وفّر
zuinig (bn)	muwaffir	موفّر

betalen (ww)	dafaʿ	دفع
betaling (de)	dafʿ (m)	دفع
wisselgeld (het)	al bāqi (m)	الباقي

belasting (de)	ḍarība (f)	ضريبة
boete (de)	ɣarāma (f)	غرامة
beboeten (bekeuren)	faraḍ ɣarāma	فرض غرامة

42. Post. Postkantoor

postkantoor (het)	maktab al barīd (m)	مكتب البريد
post (de)	al barīd (m)	البريد
postbode (de)	sāʿi al barīd (m)	ساعي البريد
openingsuren (mv.)	awqāt al ʿamal (pl)	أوقات العمل

brief (de)	risāla (f)	رسالة
aangetekende brief (de)	risāla musaǧǧala (f)	رسالة مسجّلة
briefkaart (de)	biṭāqa barīdiyya (f)	بطاقة بريديّة
telegram (het)	barqiyya (f)	برقيّة
postpakket (het)	ṭard (m)	طرد
overschrijving (de)	ḥawāla māliyya (f)	حوالة ماليّة

ontvangen (ww)	istalam	إستلم
sturen (zenden)	arsal	أرسل
verzending (de)	irsāl (m)	إرسال
adres (het)	ʿunwān (m)	عنوان
postcode (de)	raqm al barīd (m)	رقم البريد
verzender (de)	mursil (m)	مرسل
ontvanger (de)	mursal ilayh (m)	مرسل إليه

naam (de)	ism (m)	إسم
achternaam (de)	ism al ʾāʾila (m)	إسم العائلة
tarief (het)	taʿrīfa (f)	تعريفة
standaard (bn)	ʿādiy	عاديّ
zuinig (bn)	muwaffir	موفّر

gewicht (het)	wazn (m)	وزن
afwegen (op de weegschaal)	wazan	وزن
envelop (de)	ẓarf (m)	ظرف
postzegel (de)	ṭābiʿ (m)	طابع
een postzegel plakken op	alṣaq ṭābiʿ	ألصق طابعا

43. Bankieren

| bank (de) | bank (m) | بنك |
| bankfiliaal (het) | farʿ (m) | فرع |

| bankbediende (de) | muwaẓẓaf bank (m) | موظّف بنك |
| manager (de) | mudīr (m) | مدير |

bankrekening (de)	ḥisāb (m)	حساب
rekeningnummer (het)	raqm al ḥisāb (m)	رقم الحساب
lopende rekening (de)	ḥisāb ӡāri (m)	حساب جار
spaarrekening (de)	ḥisāb tawfīr (m)	حساب توفير

een rekening openen	fataḥ ḥisāb	فتح حسابا
de rekening sluiten	aɣlaq ḥisāb	أغلق حسابا
op rekening storten	awda' fil ḥisāb	أودع في الحساب
opnemen (ww)	saḥab min al ḥisāb	سحب من الحساب

storting (de)	wadīʿa (f)	وديعة
een storting maken	awda'	أودع
overschrijving (de)	ḥawāla (f)	حوالة
een overschrijving maken	ḥawwal	حوّل

| som (de) | mablaɣ (m) | مبلغ |
| Hoeveel? | kam? | كم؟ |

| handtekening (de) | tawqīʿ (m) | توقيع |
| ondertekenen (ww) | waqqaʿ | وقّع |

kredietkaart (de)	biṭāqat i'timān (f)	بطاقة ائتمان
code (de)	kūd (m)	كود
kredietkaartnummer (het)	raqm biṭāqat i'timān (m)	رقم بطاقة إئتمان
geldautomaat (de)	ṣarrāf 'āliy (m)	صرّاف آليّ

cheque (de)	ʃīk (m)	شيك
een cheque uitschrijven	katab ʃīk	كتب شيكًا
chequeboekje (het)	daftar ʃīkāt (m)	دفتر شيكات

lening, krediet (de)	qarḍ (m)	قرض
een lening aanvragen	qaddam ṭalab lil ḥuṣūl 'ala qarḍ	قدّم طلبا للحصول على قرض
een lening nemen	ḥaṣal 'ala qarḍ	حصل على قرض
een lening verlenen	qaddam qarḍ	قدّم قرضا
garantie (de)	ḍamān (m)	ضمان

44. Telefoon. Telefoongesprek

telefoon (de)	hātif (m)	هاتف
mobieltje (het)	hātif maḥmūl (m)	هاتف محمول
antwoordapparaat (het)	muӡīb al hātif (m)	مجيب الهاتف

| bellen (ww) | ittaṣal | إتّصل |
| belletje (telefoontje) | mukālama tilifuniyya (f) | مكالمة تليفونية |

een nummer draaien	ittaṣal bi raqm	إتّصل برقم
Hallo!	alu!	ألو!
vragen (ww)	sa'al	سأل
antwoorden (ww)	radd	ردّ
horen (ww)	sami'	سمع

goed (bw)	ӡayyidan	جيِّدًا
slecht (bw)	sayyi'an	سيِّئًا
storingen (mv.)	taʃwīʃ (m)	تشويش

hoorn (de)	sammāʿa (f)	سمَّاعة
opnemen (ww)	rafaʿ as sammāʿa	رفع السمَّاعة
ophangen (ww)	qafal as sammāʿa	قفل السمَّاعة

bezet (bn)	maʃɣūl	مشغول
overgaan (ww)	rann	رنَّ
telefoonboek (het)	dalīl at tilifūn (m)	دليل التليفون

lokaal (bn)	maḥalliyya	ة محليَّة
lokaal gesprek (het)	mukālama hātifiyya maḥalliyya (f)	مكالمة هاتفيَّة محليَّة
interlokaal (bn)	baʿīd al mada	بعيد المدى
interlokaal gesprek (het)	mukālama baʿīdat al mada (f)	مكالمة بعيدة المدى
buitenlands (bn)	duwaliy	دوليّ
buitenlands gesprek (het)	mukālama duwaliyya (f)	مكالمة دوليَّة

45. Mobiele telefoon

mobieltje (het)	hātif maḥmūl (m)	هاتف محمول
scherm (het)	ӡihāz ʿarḍ (m)	جهاز عرض
toets, knop (de)	zirr (m)	زرّ
simkaart (de)	sim kart (m)	سيم كارت

batterij (de)	baṭṭāriyya (f)	بطَّاريَّة
leeg zijn (ww)	xalaṣat	خلصت
acculader (de)	ʃāḥin (m)	شاحن

menu (het)	qā'ima (f)	قائمة
instellingen (mv.)	awḍāʿ (pl)	أوضاع
melodie (beltoon)	naɣma (f)	نغمة
selecteren (ww)	ixtār	إختار

rekenmachine (de)	'āla ḥāsiba (f)	آلة حاسبة
voicemail (de)	barīd ṣawtiy (m)	بريد صوتيّ
wekker (de)	munabbih (m)	منبِّه
contacten (mv.)	ӡihāt al ittiṣāl (pl)	جهات الإتَّصال

| SMS-bericht (het) | risāla qaṣīra ɛsɛmɛs (f) | sms رسالة قصيرة |
| abonnee (de) | muʃtarik (m) | مشترك |

46. Schrijfbehoeften

| balpen (de) | qalam ӡāf (m) | قلم جاف |
| vulpen (de) | qalam rīʃa (m) | قلم ريشة |

potlood (het)	qalam ruṣāṣ (m)	قلم رصاص
marker (de)	markir (m)	ماركر
viltstift (de)	qalam xaṭṭāṭ (m)	قلم خطَّاط

notitieboekje (het)	muðakkira (f)	مذكّرة
agenda (boekje)	ӡadwal al a'māl (m)	جدول الأعمال

liniaal (de/het)	masṭara (f)	مسطرة
rekenmachine (de)	'āla ḥāsiba (f)	آلة حاسبة
gom (de)	astīka (f)	استيكة
punaise (de)	dabbūs (m)	دبّوس
paperclip (de)	dabbūs waraq (m)	دبّوس ورق

lijm (de)	ṣamɣ (m)	صمغ
nietmachine (de)	dabbāsa (f)	دبّاسة
perforator (de)	xarrāma (m)	خرّامة
potloodslijper (de)	mibrāt (f)	مبراة

47. Vreemde talen

taal (de)	luɣa (f)	لغة
vreemd (bn)	aӡnabiy	أجنبيّ
vreemde taal (de)	luɣa aӡnabiyya (f)	لغة أجنبيّة
leren (bijv. van buiten ~)	daras	درس
studeren (Nederlands ~)	ta'allam	تعلّم

lezen (ww)	qara'	قرأ
spreken (ww)	takallam	تكلّم
begrijpen (ww)	fahim	فهم
schrijven (ww)	katab	كتب

snel (bw)	bi sur'a	بسرعة
langzaam (bw)	bi buṭ'	ببطء
vloeiend (bw)	bi ṭalāqa	بطلاقة

regels (mv.)	qawā'id (pl)	قواعد
grammatica (de)	an naḥw waṣ ṣarf (m)	النحو والصرف
vocabulaire (het)	mufradāt al luɣa (pl)	مفردات اللغة
fonetiek (de)	ṣawtīyyāt (pl)	صوتيّات

leerboek (het)	kitāb ta'līm (m)	كتاب تعليم
woordenboek (het)	qāmūs (m)	قاموس
leerboek (het) voor zelfstudie	kitāb ta'līm ðātiy (m)	كتاب تعليم ذاتيّ
taalgids (de)	kitāb lil 'ibārāt aʃ ʃā'i'a (m)	كتاب للعبارت الشائعة

cassette (de)	ʃarīṭ (m)	شريط
videocassette (de)	ʃarīṭ vidiyu (m)	شريط فيديو
CD (de)	si di (m)	سي دي
DVD (de)	di vi di (m)	دي في دي

alfabet (het)	alifbā' (m)	الفباء
spellen (ww)	tahaӡӡa	تهجّى
uitspraak (de)	nuṭq (m)	نطق

accent (het)	lukna (f)	لكنة
met een accent (bw)	bi lukna	بلكنة
zonder accent (bw)	bi dūn lukna	بدون لكنة
woord (het)	kalima (f)	كلمة

betekenis (de)	ma'na (m)	معنى
cursus (de)	dawra (f)	دورة
zich inschrijven (ww)	saʒʒal ismahu	سجّل إسمه
leraar (de)	mudarris (m)	مدرس

vertaling (een ~ maken)	tarʒama (f)	ترجمة
vertaling (tekst)	tarʒama (f)	ترجمة
vertaler (de)	mutarʒim (m)	مترجم
tolk (de)	mutarʒim fawriy (m)	مترجم فوري

| polyglot (de) | 'alīm bi 'iddat luɣāt (m) | عليم بعدّة لغات |
| geheugen (het) | ðākira (f) | ذاكرة |

MAALTIJDEN. RESTAURANT

48. Tafelschikking

lepel (de)	mil'aqa (f)	ملعقة
mes (het)	sikkīn (m)	سكّين
vork (de)	ʃawka (f)	شوكة
kopje (het)	finʒān (m)	فنجان
bord (het)	ṭabaq (m)	طبق
schoteltje (het)	ṭabaq finʒān (m)	طبق فنجان
servet (het)	mandīl (m)	منديل
tandenstoker (de)	χallat asnān (f)	خلة أسنان

49. Restaurant

restaurant (het)	maṭ'am (m)	مطعم
koffiehuis (het)	kafé (m), maqha (m)	كافيه, مقهى
bar (de)	bār (m)	بار
tearoom (de)	ṣālun ʃāy (m)	صالون شاي
kelner, ober (de)	nādil (m)	نادل
serveerster (de)	nādila (f)	نادلة
barman (de)	bārman (m)	بارمان
menu (het)	qāʼimat aṭ ṭa'ām (f)	قائمة طعام
wijnkaart (de)	qāʼimat al χumūr (f)	قائمة خمور
een tafel reserveren	haʒaz māʼida	حجز مائدة
gerecht (het)	waʒba (f)	وجبة
bestellen (eten ~)	ṭalab	طلب
een bestelling maken	ṭalab	طلب
aperitief (de/het)	ʃarāb (m)	شراب
voorgerecht (het)	muqabbilāt (pl)	مقبّلات
dessert (het)	halawiyyāt (pl)	حلويات
rekening (de)	hisāb (m)	حساب
de rekening betalen	dafa' al hisāb	دفع الحساب
wisselgeld teruggeven	a'ṭa al bāqi	أعطى الباقي
fooi (de)	baqʃīʃ (m)	بقشيش

50. Maaltijden

eten (het)	akl (m)	أكل
eten (ww)	akal	أكل

ontbijt (het)	fuṭūr (m)	فطور
ontbijten (ww)	afṭar	أفطر
lunch (de)	ɣadā' (m)	غداء
lunchen (ww)	taɣadda	تغدّى
avondeten (het)	'aʃā' (m)	عشاء
souperen (ww)	ta'aʃʃa	تعشّى

| eetlust (de) | ʃahiyya (f) | شهيّة |
| Eet smakelijk! | hanī'an marī'an! | هنيئًا مريئًا! |

openen (een fles ~)	fataḥ	فتح
morsen (koffie, enz.)	dalaq	دلق
zijn gemorst	indalaq	إندلق

koken (water kookt bij 100°C)	ɣala	غلى
koken (Hoe om water te ~)	ɣala	غلى
gekookt (~ water)	maɣliy	مغلي
afkoelen (koeler maken)	barrad	برّد
afkoelen (koeler worden)	tabarrad	تبرّد

| smaak (de) | ṭa'm (m) | طعم |
| nasmaak (de) | al maðāq al 'āliq fil fam (m) | المذاق العالق فى الفم |

volgen een dieet	faqad al wazn	فقد الوزن
dieet (het)	ḥimya ɣaðā'iyya (f)	حمية غذائية
vitamine (de)	vitamīn (m)	فيتامين
calorie (de)	su'ra ḥarāriyya (f)	سعرة حرارية
vegetariër (de)	nabātiy (m)	نباتيّ
vegetarisch (bn)	nabātiy	نباتي

vetten (mv.)	duhūn (pl)	دهون
eiwitten (mv.)	brutināt (pl)	بروتينات
koolhydraten (mv.)	naʃawiyyāt (pl)	نشويّات
snede (de)	ʃarīḥa (f)	شريحة
stuk (bijv. een ~ taart)	qiṭ'a (f)	قطعة
kruimel (de)	futāta (f)	فتاتة

51. Bereide gerechten

gerecht (het)	waʒba (f)	وجبة
keuken (bijv. Franse ~)	maṭbaχ (m)	مطبخ
recept (het)	waṣfa (f)	وصفة
portie (de)	waʒba (f)	وجبة

| salade (de) | sulṭa (f) | سلطة |
| soep (de) | ʃūrba (f) | شورية |

bouillon (de)	maraq (m)	مرق
boterham (de)	sandawitʃ (m)	ساندويتش
spiegelei (het)	bayḍ maqliy (m)	بيض مقليّ

hamburger (de)	hamburger (m)	هامبورجر
biefstuk (de)	biftīk (m)	بفتيك
garnering (de)	ṭabaq ʒānibiy (m)	طبق جانبيّ

spaghetti (de)	spaɣitti (m)	سباغيتي
aardappelpuree (de)	harīs baṭāṭis (m)	هريس بطاطس
pizza (de)	bītza (f)	بيتزا
pap (de)	ʿaṣīda (f)	عصيدة
omelet (de)	bayḍ maxfūq (m)	بيض مخفوق

gekookt (in water)	maslūq	مسلوق
gerookt (bn)	mudaxxin	مدخّن
gebakken (bn)	maqliy	مقلي
gedroogd (bn)	muʒaffaf	مجفّف
diepvries (bn)	muʒammad	مجمّد
gemarineerd (bn)	muxallil	مخلّل

zoet (bn)	musakkar	مسكّر
gezouten (bn)	māliḥ	مالح
koud (bn)	bārid	بارد
heet (bn)	sāxin	ساخن
bitter (bn)	murr	مرّ
lekker (bn)	laðīð	لذيذ

koken (in kokend water)	ṭabax	طبخ
bereiden (avondmaaltijd ~)	ḥaḍḍar	حضّر
bakken (ww)	qala	قلي
opwarmen (ww)	saxxan	سخّن

zouten (ww)	mallaḥ	ملّح
peperen (ww)	falfal	فلفل
raspen (ww)	baʃar	بشر
schil (de)	qiʃra (f)	قشرة
schillen (ww)	qaʃʃar	قشّر

52. Voedsel

vlees (het)	laḥm (m)	لحم
kip (de)	daʒāʒ (m)	دجاج
kuiken (het)	farrūʒ (m)	فرّوج
eend (de)	baṭṭa (f)	بطّة
gans (de)	iwazza (f)	إوزّة
wild (het)	ṣayd (m)	صيد
kalkoen (de)	daʒāʒ rūmiy (m)	دجاج رومي

varkensvlees (het)	laḥm al xinzīr (m)	لحم الخنزير
kalfsvlees (het)	laḥm il ʿiʒl (m)	لحم العجل
schapenvlees (het)	laḥm aḍ ḍaʾn (m)	لحم الضأن
rundvlees (het)	laḥm al baqar (m)	لحم البقر
konijnenvlees (het)	arnab (m)	أرنب

worst (de)	suʒuq (m)	سجق
saucijs (de)	suʒuq (m)	سجق
spek (het)	bikūn (m)	بيكون
ham (de)	hām (m)	هام
gerookte achterham (de)	faxð xinzīr (m)	فخذ خنزير
paté (de)	maʿʒūn laḥm (m)	معجون لحم
lever (de)	kibda (f)	كبدة

gehakt (het)	ḥaʃwa (f)	حشوة
tong (de)	lisān (m)	لسان
ei (het)	bayḍa (f)	بيضة
eieren (mv.)	bayḍ (m)	بيض
eiwit (het)	bayāḍ al bayḍ (m)	بياض البيض
eigeel (het)	ṣafār al bayḍ (m)	صفار البيض
vis (de)	samak (m)	سمك
zeevruchten (mv.)	fawākih al bahr (pl)	فواكه البحر
kaviaar (de)	kaviyār (m)	كافيار
krab (de)	salṭaʿūn (m)	سلطعون
garnaal (de)	ȝambari (m)	جمبري
oester (de)	maḥār (m)	محار
langoest (de)	karkand ʃāik (m)	كركند شائك
octopus (de)	uxṭubūṭ (m)	أخطبوط
inktvis (de)	kalmāri (m)	كالماري
steur (de)	samak al ḥafʃ (m)	سمك الحفش
zalm (de)	salmūn (m)	سلمون
heilbot (de)	samak al halbūt (m)	سمك الهلبوت
kabeljauw (de)	samak al qudd (m)	سمك القدّ
makreel (de)	usqumriy (m)	أسقمريّ
tonijn (de)	tūna (f)	تونة
paling (de)	ḥankalīs (m)	حنكليس
forel (de)	salmūn muraqqaṭ (m)	سلمون مرقّط
sardine (de)	sardīn (m)	سردين
snoek (de)	samak al karāki (m)	سمك الكراكي
haring (de)	rinȝa (f)	رنجة
brood (het)	xubz (m)	خبز
kaas (de)	ȝubna (f)	جبنة
suiker (de)	sukkar (m)	سكّر
zout (het)	milḥ (m)	ملح
rijst (de)	urz (m)	أرز
pasta (de)	makarūna (f)	مكرونة
noedels (mv.)	nūdlis (f)	نودلز
boter (de)	zubda (f)	زبدة
plantaardige olie (de)	zayt (m)	زيت
zonnebloemolie (de)	zayt ʿabīd aʃ ʃams (m)	زيت عبيد الشمس
margarine (de)	marxarīn (m)	مرغرين
olijven (mv.)	zaytūn (m)	زيتون
olijfolie (de)	zayt az zaytūn (m)	زيت الزيتون
melk (de)	ḥalīb (m)	حليب
gecondenseerde melk (de)	ḥalīb mukaθθaf (m)	حليب مكثّف
yoghurt (de)	yūxurt (m)	يوغورت
zure room (de)	krīma ḥāmiḍa (f)	كريمة حامضة
room (de)	krīma (f)	كريمة
mayonaise (de)	mayunīz (m)	مايونيز

crème (de)	krīmat zubda (f)	كريمة زبدة
graan (het)	ḥubūb (pl)	حبوب
meel (het), bloem (de)	daqīq (m)	دقيق
conserven (mv.)	mu'allabāt (pl)	معلّبات

maïsvlokken (mv.)	kurn fliks (m)	كورن فليكس
honing (de)	'asal (m)	عسل
jam (de)	murabba (m)	مربى
kauwgom (de)	'ilk (m)	علك

53. Drankjes

water (het)	mā' (m)	ماء
drinkwater (het)	mā' ʃurb (m)	ماء شرب
mineraalwater (het)	mā' ma'daniy (m)	ماء معدنيّ

zonder gas	bi dūn ɣāz	بدون غاز
koolzuurhoudend (bn)	mukarban	مكربن
bruisend (bn)	bil ɣāz	بالغاز
ijs (het)	θalʒ (m)	ثلج
met ijs	biθ θalʒ	بالثلج

alcohol vrij (bn)	bi dūn kuḥūl	بدون كحول
alcohol vrije drank (de)	maʃrūb ɣāziy (m)	مشروب غازي
frisdrank (de)	maʃrūb muθallaʒ (m)	مشروب مثلج
limonade (de)	ʃarāb laymūn (m)	شراب ليمون

alcoholische dranken (mv.)	maʃrūbāt kuḥūliyya (pl)	مشروبات كحوليّة
wijn (de)	nabīð (f)	نبيذ
witte wijn (de)	nibīð abyaḍ (m)	نبيذ أبيض
rode wijn (de)	nabīð aḥmar (m)	نبيذ أحمر

likeur (de)	liqiūr (m)	ليكيور
champagne (de)	ʃambāniya (f)	شمبانيا
vermout (de)	virmut (m)	فيرموث

whisky (de)	wiski (m)	وسكي
wodka (de)	vudka (f)	فودكا
gin (de)	ʒīn (m)	جين
cognac (de)	kunyāk (m)	كونياك
rum (de)	rum (m)	رم

koffie (de)	qahwa (f)	قهوة
zwarte koffie (de)	qahwa sāda (f)	قهوة سادة
koffie (de) met melk	qahwa bil ḥalīb (f)	قهوة بالحليب
cappuccino (de)	kaputʃīnu (m)	كابتشينو
oploskoffie (de)	niskafi (m)	نيسكافيه

melk (de)	ḥalīb (m)	حليب
cocktail (de)	kuktayl (m)	كوكتيل
milkshake (de)	milk ʃiyk (m)	ميلك شيك

| sap (het) | 'aṣīr (m) | عصير |
| tomatensap (het) | 'aṣīr ṭamāṭim (m) | عصير طماطم |

| sinaasappelsap (het) | 'aṣīr burtuqāl (m) | عصير برتقال |
| vers geperst sap (het) | 'aṣīr ṭāziʒ (m) | عصير طازج |

bier (het)	bīra (f)	بيرة
licht bier (het)	bīra xafīfa (f)	بيرة خفيفة
donker bier (het)	bīra ɣāmiqa (f)	بيرة غامقة

thee (de)	ʃāy (m)	شاي
zwarte thee (de)	ʃāy aswad (m)	شاي أسود
groene thee (de)	ʃāy axḍar (m)	شاي أخضر

54. Groenten

| groenten (mv.) | xuḍār (pl) | خضار |
| verse kruiden (mv.) | xuḍrawāt waraqiyya (pl) | خضروات ورقية |

tomaat (de)	ṭamāṭim (f)	طماطم
augurk (de)	xiyār (m)	خيار
wortel (de)	ʒazar (m)	جزر
aardappel (de)	baṭāṭis (f)	بطاطس
ui (de)	baṣal (m)	بصل
knoflook (de)	θūm (m)	ثوم

kool (de)	kurumb (m)	كرنب
bloemkool (de)	qarnabīṭ (m)	قرنبيط
spruitkool (de)	kurumb brūksil (m)	كرنب بروكسل
broccoli (de)	brukuli (m)	بركولي
rode biet (de)	banʒar (m)	بنجر
aubergine (de)	bātinʒān (m)	باذنجان
courgette (de)	kūsa (f)	كوسة
pompoen (de)	qarʻ (m)	قرع
raap (de)	lift (m)	لفت

peterselie (de)	baqdūnis (m)	بقدونس
dille (de)	ʃabat (m)	شبت
sla (de)	xass (m)	خسّ
selderij (de)	karafs (m)	كرفس
asperge (de)	halyūn (m)	هليون
spinazie (de)	sabānix (m)	سبانخ
erwt (de)	bisilla (f)	بسلّة
bonen (mv.)	fūl (m)	فول
maïs (de)	ðura (f)	ذرّة
boon (de)	faṣūliya (f)	فاصوليا

peper (de)	filfil (m)	فلفل
radijs (de)	fiʒl (m)	فجل
artisjok (de)	xurʃūf (m)	خرشوف

55. Vruchten. Noten

| vrucht (de) | fākiha (f) | فاكهة |
| appel (de) | tuffāḥa (f) | تفّاحة |

peer (de)	kummaθra (f)	كمّثرى
citroen (de)	laymūn (m)	ليمون
sinaasappel (de)	burtuqāl (m)	برتقال
aardbei (de)	farawla (f)	فراولة

mandarijn (de)	yūsufiy (m)	يوسفي
pruim (de)	barqūq (m)	برقوق
perzik (de)	durrāq (m)	دراق
abrikoos (de)	miʃmiʃ (f)	مشمش
framboos (de)	tūt al ʿullayq al aḥmar (m)	توت العليق الأحمر
ananas (de)	ananās (m)	أناناس

banaan (de)	mawz (m)	موز
watermeloen (de)	baṭṭīχ aḥmar (m)	بطّيخ أحمر
druif (de)	ʿinab (m)	عنب
kers (de)	karaz (m)	كرز
meloen (de)	baṭṭīχ aṣfar (f)	بطّيخ أصفر

grapefruit (de)	zinbāʿ (m)	زنباع
avocado (de)	avukādu (f)	افوكاتو
papaja (de)	babāya (m)	بابايا
mango (de)	mangu (m)	مانجو
granaatappel (de)	rummān (m)	رمان

rode bes (de)	kiʃmiʃ aḥmar (m)	كشمش أحمر
zwarte bes (de)	ʿinab aθ θaʿlab al aswad (m)	عنب الثعلب الأسود
kruisbes (de)	ʿinab aθ θaʿlab (m)	عنب الثعلب
bosbes (de)	ʿinab al aḥrāʒ (m)	عنب الأحراج
braambes (de)	θamar al ʿullayk (m)	ثمر العليّق

rozijn (de)	zabīb (m)	زبيب
vijg (de)	tīn (m)	تين
dadel (de)	tamr (m)	تمر

pinda (de)	fūl sudāniy (m)	فول سودانيّ
amandel (de)	lawz (m)	لوز
walnoot (de)	ʿayn al ʒamal (f)	عين الجمل
hazelnoot (de)	bunduq (m)	بندق
kokosnoot (de)	ʒawz al hind (m)	جوز هند
pistaches (mv.)	fustuq (m)	فستق

56. Brood. Snoep

suikerbakkerij (de)	ḥalawiyyāt (pl)	حلويّات
brood (het)	χubz (m)	خبز
koekje (het)	baskawīt (m)	بسكويت

chocolade (de)	ʃukulāta (f)	شكولاتة
chocolade- (abn)	biʃ ʃukulāṭa	بالشكولاتة
snoepje (het)	bumbūn (m)	بونبون
cakeje (het)	kaʿk (m)	كعك
taart (bijv. verjaardags~)	tūrta (f)	تورتة
pastei (de)	faṭīra (f)	فطيرة
vulling (de)	ḥaʃwa (f)	حشوة

confituur (de)	murabba (m)	مربّى
marmelade (de)	marmalād (f)	مرملاد
wafel (de)	wāfil (m)	وافل
ijsje (het)	muθallaӡāt (pl)	مثلّجات
pudding (de)	būding (m)	بودنج

57. Kruiden

zout (het)	milḥ (m)	ملح
gezouten (bn)	māliḥ	مالح
zouten (ww)	mallaḥ	ملح

zwarte peper (de)	filfil aswad (m)	فلفل أسود
rode peper (de)	filfil aḥmar (m)	فلفل أحمر
mosterd (de)	ṣalṣat al χardal (f)	صلصة الخردل
mierikswortel (de)	fiӡl ḥārr (m)	فجل حارّ

condiment (het)	tābil (m)	تابل
specerij, kruiderij (de)	bahār (m)	بهار
saus (de)	ṣalṣa (f)	صلصة
azijn (de)	χall (m)	خلّ

anijs (de)	yānsūn (m)	يانسون
basilicum (de)	rīḥān (m)	ريحان
kruidnagel (de)	qurumful (m)	قرنفل
gember (de)	zanӡabīl (m)	زنجبيل
koriander (de)	kuzbara (f)	كزبرة
kaneel (de/het)	qirfa (f)	قرفة

sesamzaad (het)	simsim (m)	سمسم
laurierblad (het)	awrāq al χār (pl)	أوراق الغار
paprika (de)	babrika (f)	بابريكا
komijn (de)	karāwiya (f)	كراوية
saffraan (de)	za'farān (m)	زعفران

PERSOONLIJKE INFORMATIE. FAMILIE

58. Persoonlijke informatie. Formulieren

Nederlands	Transcriptie	العربية
naam (de)	ism (m)	إسم
achternaam (de)	ism al 'ā'ila (m)	إسم العائلة
geboortedatum (de)	tarīх al mīlād (m)	تاريخ الميلاد
geboorteplaats (de)	makān al mīlād (m)	مكان الميلاد
nationaliteit (de)	ʒinsiyya (f)	جنسية
woonplaats (de)	maqarr al iqāma (m)	مقر الإقامة
land (het)	balad (m)	بلد
beroep (het)	mihna (f)	مهنة
geslacht (ov. het vrouwelijk ~)	ʒins (m)	جنس
lengte (de)	ṭūl (m)	طول
gewicht (het)	wazn (m)	وزن

59. Familieleden. Verwanten

Nederlands	Transcriptie	العربية
moeder (de)	umm (f)	أمّ
vader (de)	ab (m)	أب
zoon (de)	ibn (m)	إبن
dochter (de)	ibna (f)	إبنة
jongste dochter (de)	al ibna aṣ ṣaɣīra (f)	الإبنة الصغيرة
jongste zoon (de)	al ibn aṣ ṣaɣīr (m)	الابن الصغير
oudste dochter (de)	al ibna al kabīra (f)	الإبنة الكبيرة
oudste zoon (de)	al ibn al kabīr (m)	الإبن الكبير
broer (de)	aχ (m)	أخ
oudere broer (de)	al aχ al kabīr (m)	الأخ الكبير
jongere broer (de)	al aχ aṣ ṣaɣīr (m)	الأخ الصغير
zuster (de)	uχt (f)	أخت
oudere zuster (de)	al uχt al kabīra (f)	الأخت الكبيرة
jongere zuster (de)	al uχt aṣ ṣaɣīra (f)	الأخت الصغيرة
neef (zoon van oom, tante)	ibn 'amm (m), ibn χāl (m)	إبن عمّ، إبن خال
nicht (dochter van oom, tante)	ibnat 'amm (f), ibnat χāl (f)	إبنة عمّ، إبنة خال
mama (de)	mama (f)	ماما
papa (de)	baba (m)	بابا
ouders (mv.)	wālidān (du)	والدان
kind (het)	ṭifl (m)	طفل
kinderen (mv.)	aṭfāl (pl)	أطفال
oma (de)	ʒidda (f)	جدّة
opa (de)	ʒadd (m)	جدّ

kleinzoon (de)	ḥafīd (m)	حفيد
kleindochter (de)	ḥafīda (f)	حفيدة
kleinkinderen (mv.)	aḥfād (pl)	أحفاد

oom (de)	ʿamm (m), χāl (m)	عمّ, خال
tante (de)	ʿamma (f), χāla (f)	عمّة, خالة
neef (zoon van broer, zus)	ibn al aχ (m), ibn al uχt (m)	إبن الأخ, إبن الأخت
nicht (dochter van broer, zus)	ibnat al aχ (f), ibnat al uχt (f)	إبنة الأخ, إبنة الأخت
schoonmoeder (de)	ḥamātt (f)	حماة
schoonvader (de)	ḥamm (m)	حم
schoonzoon (de)	zawʒ al ibna (m)	زوج الأبنة
stiefmoeder (de)	zawʒat al ab (f)	زوجة الأب
stiefvader (de)	zawʒ al umm (m)	زوج الأمّ

zuigeling (de)	ṭifl raḍīʿ (m)	طفل رضيع
wiegenkind (het)	mawlūd (m)	مولود
kleuter (de)	walad ṣaɣīr (m)	ولد صغير

vrouw (de)	zawʒa (f)	زوجة
man (de)	zawʒ (m)	زوج
echtgenoot (de)	zawʒ (m)	زوج
echtgenote (de)	zawʒa (f)	زوجة

gehuwd (mann.)	mutazawwiʒ	متزوّج
gehuwd (vrouw.)	mutazawwiʒa	متزوّجة
ongehuwd (mann.)	aʿzab	أعزب
vrijgezel (de)	aʿzab (m)	أعزب
gescheiden (bn)	muṭallaq (m)	مطلق
weduwe (de)	armala (f)	أرملة
weduwnaar (de)	armal (m)	أرمل

familielid (het)	qarīb (m)	قريب
dichte familielid (het)	nasīb qarīb (m)	نسيب قريب
verre familielid (het)	nasīb baʿīd (m)	نسيب بعيد
familieleden (mv.)	aqārib (pl)	أقارب

wees (de), weeskind (het)	yatīm (m)	يتيم
voogd (de)	waliyy amr (m)	ولي أمر
adopteren (een jongen te ~)	tabanna	تبنّى
adopteren (een meisje te ~)	tabanna	تبنّى

60. Vrienden. Collega's

vriend (de)	ṣadīq (m)	صديق
vriendin (de)	ṣadīqa (f)	صديقة
vriendschap (de)	ṣadāqa (f)	صداقة
bevriend zijn (ww)	ṣādaq	صادق

makker (de)	ṣāḥib (m)	صاحب
vriendin (de)	ṣaḥiba (f)	صاحبة
partner (de)	rafīq (m)	رفيق

| chef (de) | raʾīs (m) | رئيس |
| baas (de) | raʾīs (m) | رئيس |

eigenaar (de)	ṣāḥib (m)	صاحب
ondergeschikte (de)	tābi' (m)	تابع
collega (de)	zamīl (m)	زميل
kennis (de)	ma'ruf (m)	معروف
medereiziger (de)	rafīq safar (m)	رفيق سفر
klasgenoot (de)	zamīl fiṣ ṣaff (m)	زميل في الصفّ
buurman (de)	ʒār (m)	جار
buurvrouw (de)	ʒāra (f)	جارة
buren (mv.)	ʒirān (pl)	جيران

MENSELIJK LICHAAM. GENEESKUNDE

61. Hoofd

hoofd (het)	ra's (m)	رأس
gezicht (het)	waʒh (m)	وجه
neus (de)	anf (m)	أنف
mond (de)	fam (m)	فم

oog (het)	'ayn (f)	عين
ogen (mv.)	'uyūn (pl)	عيون
pupil (de)	ḥadaqa (f)	حدقة
wenkbrauw (de)	ḥāʒib (m)	حاجب
wimper (de)	rimʃ (m)	رمش
ooglid (het)	ʒafn (m)	جفن

tong (de)	lisān (m)	لسان
tand (de)	sinn (f)	سن
lippen (mv.)	ʃifāh (pl)	شفاه
jukbeenderen (mv.)	'iẓām waʒhiyya (pl)	عظام وجهية
tandvlees (het)	liθθa (f)	لثة
gehemelte (het)	ḥanak (m)	حنك

neusgaten (mv.)	minxarān (du)	منخران
kin (de)	ðaqan (m)	ذقن
kaak (de)	fakk (m)	فك
wang (de)	xadd (m)	خد

voorhoofd (het)	ʒabha (f)	جبهة
slaap (de)	ṣudɣ (m)	صدغ
oor (het)	uðun (f)	أذن
achterhoofd (het)	qafa (m)	قفا
hals (de)	raqaba (f)	رقبة
keel (de)	ḥalq (m)	حلق

haren (mv.)	ʃa'r (m)	شعر
kapsel (het)	tasrīḥa (f)	تسريحة
haarsnit (de)	tasrīḥa (f)	تسريحة
pruik (de)	barūka (f)	باروكة

snor (de)	ʃawārib (pl)	شوارب
baard (de)	liḥya (f)	لحية
dragen (een baard, enz.)	'indahu	عنده
vlecht (de)	ḍifīra (f)	ضفيرة
bakkebaarden (mv.)	sawālif (pl)	سوالف

ros (roodachtig, rossig)	aḥmar aʃ ʃa'r	أحمر الشعر
grijs (~ haar)	abyaḍ	أبيض
kaal (bn)	aṣla'	أصلع
kale plek (de)	ṣala' (m)	صلع

| paardenstaart (de) | ðayl ḥiṣān (m) | نيل حصان |
| pony (de) | quṣṣa (f) | قصّة |

62. Menselijk lichaam

| hand (de) | yad (m) | يد |
| arm (de) | ðirā' (f) | ذراع |

vinger (de)	iṣba' (m)	إصبع
teen (de)	iṣba' al qadam (m)	إصبع القدم
duim (de)	ibhām (m)	إبهام
pink (de)	xunṣur (m)	خنصر
nagel (de)	ẓufr (m)	ظفر

vuist (de)	qabḍa (f)	قبضة
handpalm (de)	kaff (f)	كفّ
pols (de)	mi'ṣam (m)	معصم
voorarm (de)	sā'id (m)	ساعد
elleboog (de)	mirfaq (m)	مرفق
schouder (de)	katf (f)	كتف

been (rechter ~)	riʒl (f)	رجل
voet (de)	qadam (f)	قدم
knie (de)	rukba (f)	ركبة
kuit (de)	sammāna (f)	سمّانة
heup (de)	faxð (f)	فخذ
hiel (de)	'aqb (m)	عقب

lichaam (het)	ʒism (m)	جسم
buik (de)	baṭn (m)	بطن
borst (de)	ṣadr (m)	صدر
borst (de)	θady (m)	ثدي
zijde (de)	ʒamb (m)	جنب
rug (de)	ẓahr (m)	ظهر
lage rug (de)	asfal aẓ ẓahr (m)	أسفل الظهر
taille (de)	xaṣr (m)	خصر

navel (de)	surra (f)	سرّة
billen (mv.)	ardāf (pl)	أرداف
achterwerk (het)	dubr (m)	دبر

huidvlek (de)	ʃāma (f)	شامة
moedervlek (de)	waḥma (f)	وحمة
tatoeage (de)	waʃm (m)	وشم
litteken (het)	nadba (f)	ندبة

63. Ziekten

ziekte (de)	maraḍ (m)	مرض
ziek zijn (ww)	maraḍ	مرض
gezondheid (de)	ṣiḥḥa (f)	صحّة
snotneus (de)	zukām (m)	زكام

angina (de)	iltihāb al lawzatayn (m)	التهاب اللوزتين
verkoudheid (de)	bard (m)	برد
verkouden raken (ww)	aṣābahu al bard	أصابه البرد

bronchitis (de)	iltihāb al qaṣabāt (m)	إلتهاب القصبات
longontsteking (de)	iltihāb ar ri'atayn (m)	إلتهاب الرئتين
griep (de)	inflūnza (f)	إنفلونزا

bijziend (bn)	qaṣīr an naẓar	قصير النظر
verziend (bn)	ba'īd an naẓar	بعيد النظر
scheelheid (de)	ḥawal (m)	حول
scheel (bn)	aḥwal	أحول
grauwe staar (de)	katarakt (f)	كاتاراكت
glaucoom (het)	glawkūma (f)	جلوكوما

beroerte (de)	sakta (f)	سكتة
hartinfarct (het)	iḥtiʃā' (m)	إحتشاء
myocardiaal infarct (het)	nawba qalbiya (f)	نوبة قلبية
verlamming (de)	ʃalal (m)	شلل
verlammen (ww)	ʃall	شلَ

allergie (de)	ḥassāsiyya (f)	حسّاسيّة
astma (de/het)	rabw (m)	ربو
diabetes (de)	ad dā' as sukkariy (m)	الداء السكريّ

| tandpijn (de) | alam al asnān (m) | ألم الأسنان |
| tandbederf (het) | naxar al asnān (m) | نخر الأسنان |

diarree (de)	ishāl (m)	إسهال
constipatie (de)	imsāk (m)	إمساك
maagstoornis (de)	'usr al haḍm (m)	عسر الهضم
voedselvergiftiging (de)	tasammum (m)	تسمّم
voedselvergiftiging oplopen	tasammam	تسمّم

artritis (de)	iltihāb al mafāṣil (m)	إلتهاب المفاصل
rachitis (de)	kusāḥ al aṭfāl (m)	كساح الأطفال
reuma (het)	riumatizm (m)	روماتزم
arteriosclerose (de)	taṣṣallub aʃ ʃarayīn (m)	تصلّب الشرايين

gastritis (de)	iltihāb al ma'ida (m)	إلتهاب المعدة
blindedarmontsteking (de)	iltihāb az zā'ida ad dūdiyya (m)	إلتهاب الزائدة الدوديّة
galblaasontsteking (de)	iltihāb al marāra (m)	إلتهاب المرارة
zweer (de)	qurḥa (f)	قرحة

mazelen (mv.)	maraḍ al ḥaṣba (m)	مرض الحصبة
rodehond (de)	ḥaṣba almāniyya (f)	حصبة ألمانية
geelzucht (de)	yaraqān (m)	يرقان
leverontsteking (de)	iltihāb al kabd al vayrūsiy (m)	إلتهاب الكبد الفيروسيّ

schizofrenie (de)	ʃizufrīniya (f)	شيزوفرينيا
dolheid (de)	dā' al kalb (m)	داء الكلب
neurose (de)	'iṣāb (m)	عصاب
hersenschudding (de)	irtiʒāʒ al muxx (m)	إرتجاج المخ
kanker (de)	saraṭān (m)	سرطان
sclerose (de)	taṣṣallub (m)	تصلّب

multiple sclerose (de)	taşşallub muta'addid (m)	تصلّب متعدد
alcoholisme (het)	idmān al χamr (m)	إدمان الخمر
alcoholicus (de)	mudmin al χamr (m)	مدمن الخمر
syfilis (de)	sifilis az zuhariy (m)	سفلس الزهري
AIDS (de)	al aydz (m)	الايدز

tumor (de)	waram (m)	ورم
kwaadaardig (bn)	χabīθ	خبيث
goedaardig (bn)	ḥamīd (m)	حميد

koorts (de)	ḥumma (f)	حمّى
malaria (de)	malāriya (f)	ملاريا
gangreen (het)	γanγrīna (f)	غنغرينا
zeeziekte (de)	duwār al baḥr (m)	دوار البحر
epilepsie (de)	maraḍ aş şar' (m)	مرض الصرع

epidemie (de)	wabā' (m)	وباء
tyfus (de)	tīfus (m)	تيفوس
tuberculose (de)	maraḍ as sull (m)	مرض السلّ
cholera (de)	kulīra (f)	كوليرا
pest (de)	ţā'ūn (m)	طاعون

64. Symptomen. Behandelingen. Deel 1

symptoom (het)	'araḍ (m)	عرض
temperatuur (de)	ḥarāra (f)	حرارة
verhoogde temperatuur (de)	ḥumma (f)	حمّى
polsslag (de)	nabḍ (m)	نبض

duizeling (de)	dawχa (f)	دوخة
heet (erg warm)	ḥārr	حارّ
koude rillingen (mv.)	nafaḍān (m)	نفضان
bleek (bn)	aşfar	أصفر

hoest (de)	su'āl (m)	سعال
hoesten (ww)	sa'al	سعل
niezen (ww)	'aţas	عطس
flauwte (de)	iγmā' (m)	إغماء
flauwvallen (ww)	γumiya 'alayh	غمي عليه

blauwe plek (de)	kadma (f)	كدمة
buil (de)	tawarrum (m)	تورّم
zich stoten (ww)	işţadam	إصطدم
kneuzing (de)	raḍḍ (m)	رضّ
kneuzen (gekneusd zijn)	taraḍḍaḍ	ترضّض

hinken (ww)	'araʒ	عرج
verstuiking (de)	χal' (m)	خلع
verstuiken (enkel, enz.)	χala'	خلع
breuk (de)	kasr (m)	كسر
een breuk oplopen	inkasar	إنكسر

| snijwond (de) | ʒurḥ (m) | جرح |
| zich snijden (ww) | ʒaraḥ nafsah | جرح نفسه |

bloeding (de)	nazf (m)	نزف
brandwond (de)	ḥarq (m)	حرق
zich branden (ww)	taʃayyat	تشيط

prikken (ww)	waχaz	وخز
zich prikken (ww)	waχaz nafsah	وخز نفسه
blesseren (ww)	aṣāb	أصاب
blessure (letsel)	iṣāba (f)	إصابة
wond (de)	ʒurḥ (m)	جرح
trauma (het)	ṣadma (f)	صدمة

IJlen (ww)	haða	هذى
stotteren (ww)	talaʿsam	تلعثم
zonnesteek (de)	ḍarbat ʃams (f)	ضربة شمس

65. Symptomen. Behandelingen. Deel 2

| pijn (de) | alam (m) | ألم |
| splinter (de) | ʃaẓiyya (f) | شظية |

zweet (het)	ʿirq (m)	عرق
zweten (ww)	ʿariq	عرق
braking (de)	taqayyuʿ (m)	تقيؤ
stuiptrekkingen (mv.)	taʃannuʒāt (pl)	تشنجات

zwanger (bn)	ḥāmil	حامل
geboren worden (ww)	wulid	وُلد
geboorte (de)	wilāda (f)	ولادة
baren (ww)	walad	ولد
abortus (de)	iʒhāḍ (m)	إجهاض

ademhaling (de)	tanaffus (m)	تنفس
inademing (de)	istinʃāq (m)	إستنشاق
uitademing (de)	zafīr (m)	زفير
uitademen (ww)	zafar	زفر
inademen (ww)	istanʃaq	إستنشق

invalide (de)	muʿāq (m)	معاق
gehandicapte (de)	muqʿad (m)	مقعد
drugsverslaafde (de)	mudmin muχaddirāt (m)	مدمن مخدّرات

doof (bn)	aṭraʃ	أطرش
stom (bn)	aχras	أخرس
doofstom (bn)	aṭraʃ aχras	أطرش أخرس

krankzinnig (bn)	maʒnūn (m)	مجنون
krankzinnige (man)	maʒnūn (m)	مجنون
krankzinnige (vrouw)	maʒnūna (f)	مجنونة
krankzinnig worden	ʒunn	جُنّ

gen (het)	ʒīn (m)	جين
immuniteit (de)	manāʿa (f)	مناعة
erfelijk (bn)	wirāθiy	وراثيّ
aangeboren (bn)	χilqiy munð al wilāda	خلقيّ منذ الولادة

virus (het)	virūs (m)	فيروس
microbe (de)	mikrūb (m)	ميكروب
bacterie (de)	ʒurθūma (f)	جرثومة
infectie (de)	ʿadwa (f)	عدوى

66. Symptomen. Behandelingen. Deel 3

| ziekenhuis (het) | mustaʃfa (m) | مستشفى |
| patiënt (de) | marīḍ (m) | مريض |

diagnose (de)	taʃxīṣ (m)	تشخيص
genezing (de)	ʿilāʒ (m)	علاج
medische behandeling (de)	ʿilāʒ (m)	علاج
onder behandeling zijn	taʿālaʒ	تعالج
behandelen (ww)	ʿālaʒ	عالج
zorgen (zieken ~)	marraḍ	مرّض
ziekenzorg (de)	ʿināya (f)	عناية

operatie (de)	ʿamaliyya ʒaraḥiyya (f)	عمليّة جرحيّة
verbinden (een arm ~)	ḍammad	ضمّد
verband (het)	taḍmīd (m)	تضميد

vaccin (het)	talqīḥ (m)	تلقيح
inenten (vaccineren)	laqqaḥ	لقّح
injectie (de)	ḥuqna (f)	حقنة
een injectie geven	ḥaqan ibra	حقن إبرة

aanval (de)	nawba (f)	نوبة
amputatie (de)	batr (m)	بتر
amputeren (ww)	batar	بتر
coma (het)	ɣaybūba (f)	غيبوبة
in coma liggen	kān fi ḥālat ɣaybūba	كان في حالة غيبوبة
intensieve zorg, ICU (de)	al ʿināya al murakkaza (f)	العناية المركّزة

zich herstellen (ww)	ʃufiy	شفي
toestand (de)	ḥāla (f)	حالة
bewustzijn (het)	waʿy (m)	وعي
geheugen (het)	ðākira (f)	ذاكرة

trekken (een kies ~)	xalaʿ	خلع
vulling (de)	ḥaʃw (m)	حشو
vullen (ww)	ḥaʃa	حشا

| hypnose (de) | at tanwīm al maɣnaṭīsiy (m) | التنويم المغناطيسيّ |
| hypnotiseren (ww) | nawwam | نوّم |

67. Geneeskunde. Medicijnen. Accessoires

geneesmiddel (het)	dawā' (m)	دواء
middel (het)	ʿilāʒ (m)	علاج
voorschrijven (ww)	waṣaf	وصف
recept (het)	waṣfa (f)	وصفة

tablet (de/het)	quṣ (m)	قرص
zalf (de)	marham (m)	مرهم
ampul (de)	ambūla (f)	أمبولة
drank (de)	dawā' ʃarāb (m)	دواء شراب
siroop (de)	ʃarāb (m)	شراب
pil (de)	ḥabba (f)	حبّة
poeder (de/het)	ðarūr (m)	ذرور

verband (het)	ḍammāda (f)	ضمادة
watten (mv.)	quṭn (m)	قطن
jodium (het)	yūd (m)	يود

pleister (de)	blāstir (m)	بلاستر
pipet (de)	māṣṣat al bastara (f)	ماصّة البسترة
thermometer (de)	tirmūmitr (m)	ترمومتر
spuit (de)	miḥqana (f)	محقنة

| rolstoel (de) | kursiy mutaḥarrik (m) | كرسي متحرّك |
| krukken (mv.) | 'ukkāzān (du) | عكّازان |

pijnstiller (de)	musakkin (m)	مسكّن
laxeermiddel (het)	mulayyin (m)	مليّن
spiritus (de)	iθanūl (m)	إيثانول
medicinale kruiden (mv.)	a'ʃāb ṭibbiyya (pl)	أعشاب طبية
kruiden- (abn)	'uʃbiy	عشبي

APPARTEMENT

68. Appartement

appartement (het)	ʃaqqa (f)	شقّة
kamer (de)	ɣurfa (f)	غرفة
slaapkamer (de)	ɣurfat an nawm (f)	غرفة النوم
eetkamer (de)	ɣurfat il akl (f)	غرفة الأكل
salon (de)	ṣālat al istiqbāl (f)	صالة الإستقبال
studeerkamer (de)	maktab (m)	مكتب
gang (de)	madχal (m)	مدخل
badkamer (de)	ḥammām (m)	حمّام
toilet (het)	ḥammām (m)	حمّام
plafond (het)	saqf (m)	سقف
vloer (de)	arḍ (f)	أرض
hoek (de)	zāwiya (f)	زاوية

69. Meubels. Interieur

meubels (mv.)	aθāθ (m)	أثاث
tafel (de)	maktab (m)	مكتب
stoel (de)	kursiy (m)	كرسيّ
bed (het)	sarīr (m)	سرير
bankstel (het)	kanaba (f)	كنبة
fauteuil (de)	kursiy (m)	كرسيّ
boekenkast (de)	χizānat kutub (f)	خزانة كتب
boekenrek (het)	raff (m)	رفّ
kledingkast (de)	dūlāb (m)	دولاب
kapstok (de)	ʃammāʿa (f)	شمّاعة
staande kapstok (de)	ʃammāʿa (f)	شمّاعة
commode (de)	dulāb adrāʒ (m)	دولاب أدراج
salontafeltje (het)	ṭāwilat al qahwa (f)	طاولة القهوة
spiegel (de)	mirʾāt (f)	مرآة
tapijt (het)	siʒāda (f)	سجادة
tapijtje (het)	siʒāda (f)	سجادة
haard (de)	midfaʾa ḥāʾiṭiyya (f)	مدفأة حائطيّة
kaars (de)	ʃamʿa (f)	شمعة
kandelaar (de)	ʃamʿadān (m)	شمعدان
gordijnen (mv.)	satāʾir (pl)	ستائر
behang (het)	waraq ḥīṭān (m)	ورق حيطان

jaloezie (de)	haşīrat ʃubbāk (f)	حصيرة شبّاك
bureaulamp (de)	miṣbāḥ aṭ ṭāwila (m)	مصباح الطاولة
wandlamp (de)	miṣbāḥ al ḥā'iṭ (f)	مصباح الحائط
staande lamp (de)	miṣbāḥ arḍiy (m)	مصباح أرضيّ
luchter (de)	naӡafa (f)	نجفة

poot (ov. een tafel, enz.)	riӡl (f)	رجل
armleuning (de)	masnad (m)	مسند
rugleuning (de)	masnad (m)	مسند
la (de)	durӡ (m)	درج

70. Beddengoed

beddengoed (het)	bayāḍāt as sarīr (pl)	بياضات السرير
kussen (het)	wisāda (f)	وسادة
kussenovertrek (de)	kīs al wisāda (m)	كيس الوسادة
deken (de)	baṭṭāniyya (f)	بطّانيّة
laken (het)	milāya (f)	ملاية
sprei (de)	ɣiṭā' as sarīr (m)	غطاء السرير

71. Keuken

keuken (de)	maṭbaχ (m)	مطبخ
gas (het)	ɣāz (m)	غاز
gasfornuis (het)	butuɣāz (m)	بوتوغاز
elektrisch fornuis (het)	furn kaharabā'iy (m)	فرن كهربائيّ
oven (de)	furn (m)	فرن
magnetronoven (de)	furn al mikruwayv (m)	فرن الميكروويف

koelkast (de)	θallāӡa (f)	ثلاجة
diepvriezer (de)	frīzir (m)	فريزر
vaatwasmachine (de)	ɣassāla (f)	غسّالة

vleesmolen (de)	farrāmat laḥm (f)	فرّامة لحم
vruchtenpers (de)	'aṣṣāra (f)	عصّارة
toaster (de)	maḥmaṣat χubz (f)	محمصة خبز
mixer (de)	χallāṭ (m)	خلّاط

koffiemachine (de)	mākinat ṣan' al qahwa (f)	ماكينة صنع القهوة
koffiepot (de)	kanaka (f)	كنكة
koffiemolen (de)	maṭḥanat qahwa (f)	مطحنة قهوة

fluitketel (de)	barrād (m)	برّاد
theepot (de)	barrād aʃʃāy (m)	برّاد الشاي
deksel (de/het)	ɣiṭā' (m)	غطاء
theezeefje (het)	miṣfāt (f)	مصفاة

lepel (de)	mil'aqa (f)	ملعقة
theelepeltje (het)	mil'aqat ʃāy (f)	ملعقة شاي
eetlepel (de)	mil'aqa kabīra (f)	ملعقة كبيرة
vork (de)	ʃawka (f)	شوكة
mes (het)	sikkīn (m)	سكّين

vaatwerk (het)	ṣuḥūn (pl)	صحون
bord (het)	ṭabaq (m)	طبق
schoteltje (het)	ṭabaq finȝān (m)	طبق فنجان

likeurglas (het)	ka's (f)	كأس
glas (het)	kubbāya (f)	كبّاية
kopje (het)	finȝān (m)	فنجان

suikerpot (de)	sukkariyya (f)	سكّرِيَة
zoutvat (het)	mamlaḥa (f)	مملحة
pepervat (het)	mabhara (f)	مبهرة
boterschaaltje (het)	ṣuḥn zubda (m)	صحن زبدة

pan (de)	kassirūlla (f)	كاسرولة
bakpan (de)	ṭāsa (f)	طاسة
pollepel (de)	miɣrafa (f)	مغرفة
vergiet (de/het)	miṣfāt (f)	مصفاة
dienblad (het)	ṣīniyya (f)	صينية

fles (de)	zuȝāȝa (f)	زجاجة
glazen pot (de)	barṭamān (m)	برطمان
blik (conserven~)	tanaka (f)	تنكة

flesopener (de)	fattāḥa (f)	فتّاحة
blikopener (de)	fattāḥa (f)	فتّاحة
kurkentrekker (de)	barrīma (f)	برّيمة
filter (de/het)	filtir (m)	فلتر
filteren (ww)	ṣaffa	صفّى

huisvuil (het)	zubāla (f)	زبالة
vuilnisemmer (de)	ṣundūq az zubāla (m)	صندوق الزبالة

72. Badkamer

badkamer (de)	ḥammām (m)	حمّام
water (het)	mā' (m)	ماء
kraan (de)	ḥanafiyya (f)	حنفيّة
warm water (het)	mā' sāxin (m)	ماء ساخن
koud water (het)	mā' bārid (m)	ماء بارد

tandpasta (de)	maʿȝūn asnān (m)	معجون أسنان
tanden poetsen (ww)	nazzaf al asnān	نظف الأسنان
tandenborstel (de)	furʃat asnān (f)	فرشة أسنان

zich scheren (ww)	ḥalaq	حلق
scheercrème (de)	raɣwa lil ḥilāqa (f)	رغوة للحلاقة
scheermes (het)	mūs ḥilāqa (m)	موس حلاقة

wassen (ww)	ɣasal	غسل
een bad nemen	istaḥamm	إستحمَ
douche (de)	dūʃ (m)	دوش
een douche nemen	axað ad duʃ	أخذ الدش
bad (het)	ḥawḍ istiḥmām (m)	حوض استحمام
toiletpot (de)	mirḥāḍ (m)	مرحاض

wastafel (de)	ḥawḍ (m)	حوض
zeep (de)	ṣābūn (m)	صابون
zeepbakje (het)	ṣabbāna (f)	صبّانة

spons (de)	līfa (f)	ليفة
shampoo (de)	ʃāmbū (m)	شامبو
handdoek (de)	fūṭa (f)	فوطة
badjas (de)	θawb ḥammām (m)	ثوب حمّام

was (bijv. handwas)	ɣasīl (m)	غسيل
wasmachine (de)	ɣassāla (f)	غسّالة
de was doen	ɣasal al malābis	غسل الملابس
waspoeder (de)	mashūq ɣasīl (m)	مسحوق غسيل

73. Huishoudelijke apparaten

televisie (de)	tilivizyūn (m)	تليفزيون
cassettespeler (de)	ʒihāz tasʒīl (m)	جهاز تسجيل
videorecorder (de)	ʒihāz tasʒīl vidiyu (m)	جهاز تسجيل فيديو
radio (de)	ʒihāz radiyu (m)	جهاز راديو
speler (de)	blayir (m)	بلاير

videoprojector (de)	ʿāriḍ vidiyu (m)	عارض فيديو
home theater systeem (het)	sinima manziliyya (f)	سينما منزليّة
DVD-speler (de)	di vi di (m)	دي في دي
versterker (de)	mukabbir aṣ ṣawt (m)	مكبّر الصوت
spelconsole (de)	ʾatāri (m)	أتاري

videocamera (de)	kamira vidiyu (f)	كاميرا فيديو
fotocamera (de)	kamira (f)	كاميرا
digitale camera (de)	kamira diʒital (f)	كاميرا ديجيتال

stofzuiger (de)	miknasa kahrabāʾiyya (f)	مكنسة كهربائيّة
strijkijzer (het)	makwāt (f)	مكواة
strijkplank (de)	lawḥat kayy (f)	لوحة كيّ

telefoon (de)	hātif (m)	هاتف
mobieltje (het)	hātif maḥmūl (m)	هاتف محمول
schrijfmachine (de)	ʾāla katiba (f)	آلة كاتبة
naaimachine (de)	ʾālat al χiyāṭa (f)	آلة الخياطة

microfoon (de)	mikrufūn (m)	ميكروفون
koptelefoon (de)	sammāʿāt raʾsiya (pl)	سمّاعات رأسيّة
afstandsbediening (de)	rimuwt kuntrūl (m)	ريموت كنترول

CD (de)	si di (m)	سي دي
cassette (de)	ʃarīṭ (m)	شريط
vinylplaat (de)	usṭuwāna (f)	أسطوانة

DE AARDE. WEER

74. De kosmische ruimte

kosmos (de)	faḍā' (m)	فضاء
kosmisch (bn)	faḍā'iy	فضائيّ
kosmische ruimte (de)	faḍā' (m)	فضاء
wereld (de)	'ālam (m)	عالم
heelal (het)	al kawn (m)	الكون
sterrenstelsel (het)	al maჳarra (f)	المجرّة
ster (de)	naჳm (m)	نجم
sterrenbeeld (het)	burჳ (m)	برج
planeet (de)	kawkab (m)	كوكب
satelliet (de)	qamar ṣinā'iy (m)	قمر صناعيّ
meteoriet (de)	ḥaჳar nayzakiy (m)	حجر نيزكيّ
komeet (de)	muðannab (m)	مذنّب
asteroïde (de)	kuwaykib (m)	كويكب
baan (de)	madār (m)	مدار
draaien (om de zon, enz.)	dār	دار
atmosfeer (de)	al ɣilāf al ჳawwiy (m)	الغلاف الجوّيّ
Zon (de)	aʃ ʃams (f)	الشمس
zonnestelsel (het)	al maჳmū'a aʃ ʃamsiyya (f)	المجموعة الشمسيّة
zonsverduistering (de)	kusūf aʃ ʃams (m)	كسوف الشمس
Aarde (de)	al arḍ (f)	الأرض
Maan (de)	al qamar (m)	القمر
Mars (de)	al mirrīχ (m)	المرّيخ
Venus (de)	az zahra (f)	الزهرة
Jupiter (de)	al muʃtari (m)	المشتري
Saturnus (de)	zuḥal (m)	زحل
Mercurius (de)	'aṭārid (m)	عطارد
Uranus (de)	urānus (m)	اورانوس
Neptunus (de)	nibtūn (m)	نبتون
Pluto (de)	blūtu (m)	بلوتو
Melkweg (de)	darb at tabbāna (m)	درب التبّانة
Grote Beer (de)	ad dubb al akbar (m)	الدبّ الأكبر
Poolster (de)	naჳm al 'quṭb (m)	نجم القطب
marsmannetje (het)	sākin al mirrīχ (m)	ساكن المرّيخ
buitenaards wezen (het)	faḍā'iy (m)	فضائيّ
bovenaards (het)	faḍā'iy (m)	فضائيّ
vliegende schotel (de)	ṭabaq ṭā'ir (m)	طبق طائر
ruimtevaartuig (het)	markaba faḍā'iyya (f)	مركبة فضائيّة

ruimtestation (het)	maḥaṭṭat faḍā' (f)	محطّة فضاء
start (de)	intilāq (m)	إنطلاق
motor (de)	mutūr (m)	موتور
straalpijp (de)	manfaθ (m)	منفث
brandstof (de)	wuqūd (m)	وقود

cabine (de)	kabīna (f)	كابينة
antenne (de)	hawā'iy (m)	هوائيّ
patrijspoort (de)	kuwwa mustadīra (f)	كوّة مستديرة
zonnebatterij (de)	lawḥ ʃamsiy (m)	لوح شمسيّ
ruimtepak (het)	baðlat al faḍā' (f)	بذلة الفضاء

gewichtloosheid (de)	in'idām al wazn (m)	إنعدام الوزن
zuurstof (de)	uksiɜīn (m)	أكسجين
koppeling (de)	rasw (m)	رسو
koppeling maken	rasa	رسا

observatorium (het)	marṣad (m)	مرصد
telescoop (de)	tiliskūp (m)	تلسكوب
waarnemen (ww)	rāqab	راقب
exploreren (ww)	istakʃaf	إستكشف

75. De Aarde

Aarde (de)	al arḍ (f)	الأرض
aardbol (de)	al kura al arḍiyya (f)	الكرة الأرضيّة
planeet (de)	kawkab (m)	كوكب

atmosfeer (de)	al ɣilāf al ɜawwiy (m)	الغلاف الجوّيّ
aardrijkskunde (de)	ɜuɣrāfiya (f)	جغرافيا
natuur (de)	ṭabīʿa (f)	طبيعة
wereldbol (de)	namūðaɜ lil kura al arḍiyya (m)	نموذج للكرة الأرضيّة
kaart (de)	xarīṭa (f)	خريطة
atlas (de)	aṭlas (m)	أطلس
Europa (het)	urūbba (f)	أوروبّا
Azië (het)	'āsiya (f)	آسيا
Afrika (het)	afrīqiya (f)	أفريقيا
Australië (het)	usturāliya (f)	أستراليا

Amerika (het)	amrīka (f)	أمريكا
Noord-Amerika (het)	amrīka aʃ ʃimāliyya (f)	أمريكا الشماليّة
Zuid-Amerika (het)	amrīka al ɜanūbiyya (f)	أمريكا الجنوبيّة

| Antarctica (het) | al quṭb al ɜanūbiy (m) | القطب الجنوبيّ |
| Arctis (de) | al quṭb aʃ ʃimāliy (m) | القطب الشماليّ |

76. Windrichtingen

noorden (het)	ʃimāl (m)	شمال
naar het noorden	ilaʃ ʃimāl	إلى الشمال
in het noorden	fiʃ ʃimāl	في الشمال
noordelijk (bn)	ʃimāliy	شماليّ

zuiden (het)	ӡanūb (m)	جنوب
naar het zuiden	ilal ӡanūb	إلى الجنوب
in het zuiden	fil ӡanūb	في الجنوب
zuidelijk (bn)	ӡanūbiy	جنوبي

westen (het)	ɣarb (m)	غرب
naar het westen	ilal ɣarb	إلى الغرب
in het westen	fil ɣarb	في الغرب
westelijk (bn)	ɣarbiy	غربي

oosten (het)	ʃarq (m)	شرق
naar het oosten	ilaʃ ʃarq	إلى الشرق
in het oosten	fiʃ ʃarq	في الشرق
oostelijk (bn)	ʃarqiy	شرقي

77. Zee. Oceaan

zee (de)	baḥr (m)	بحر
oceaan (de)	muḥīṭ (m)	محيط
golf (baai)	χalīӡ (m)	خليج
straat (de)	maḍīq (m)	مضيق

grond (vaste grond)	barr (m)	بَر
continent (het)	qārra (f)	قارة
eiland (het)	ӡazīra (f)	جزيرة
schiereiland (het)	ʃibh ӡazīra (f)	شبه جزيرة
archipel (de)	maӡmū'at ӡuzur (f)	مجموعة جزر

baai, bocht (de)	χalīӡ (m)	خليج
haven (de)	mīnā' (m)	ميناء
lagune (de)	buḥayra ʃāṭi'a (f)	بحيرة شاطئة
kaap (de)	ra's (m)	رأس

| atol (de) | ӡazīra marӡāniyya istiwā'iyya (f) | جزيرة مرجانيّة إستوائيّة |

rif (het)	ʃi'āb (pl)	شعاب
koraal (het)	murӡān (m)	مرجان
koraalrif (het)	ʃi'āb marӡāniyya (pl)	شعاب مرجانيّة

diep (bn)	'amīq	عميق
diepte (de)	'umq (m)	عمق
diepzee (de)	mahwāt (f)	مهواة
trog (bijv. Marianentrog)	χandaq (m)	خندق

| stroming (de) | tayyār (m) | تيّار |
| omspoelen (ww) | aḥāṭ | أحاط |

oever (de)	sāḥil (m)	ساحل
kust (de)	sāḥil (m)	ساحل
vloed (de)	madd (m)	مَد
eb (de)	ӡazr (m)	جزر
ondiepte (ondiep water)	miyāh ḍaḥla (f)	مياه ضحلة
bodem (de)	qā' (m)	قاع

golf (hoge ~)	mawʒa (f)	موجة
golfkam (de)	qimmat mawʒa (f)	قمّة موجة
schuim (het)	zabad al baḥr (m)	زبد البحر

storm (de)	'āṣifa (f)	عاصفة
orkaan (de)	i'ṣār (m)	إعصار
tsunami (de)	tsunāmi (m)	تسونامي
windstilte (de)	hudū' (m)	هدوء
kalm (bijv. ~e zee)	hādi'	هادئ

| pool (de) | quṭb (m) | قطب |
| polair (bn) | quṭby | قطبي |

breedtegraad (de)	'arḍ (m)	عرض
lengtegraad (de)	ṭūl (m)	طول
parallel (de)	mutawāzi (m)	متواز
evenaar (de)	xaṭṭ al istiwā' (m)	خط الإستواء

hemel (de)	samā' (f)	سماء
horizon (de)	ufuq (m)	أفق
lucht (de)	hawā' (m)	هواء

vuurtoren (de)	manāra (f)	منارة
duiken (ww)	ɣāṣ	غاص
zinken (ov. een boot)	ɣariq	غرق
schatten (mv.)	kunūz (pl)	كنوز

78. Namen van zeeën en oceanen

Atlantische Oceaan (de)	al muḥīṭ al aṭlasiy (m)	المحيط الأطلسيّ
Indische Oceaan (de)	al muḥīṭ al hindiy (m)	المحيط الهنديّ
Stille Oceaan (de)	al muḥīṭ al hādi' (m)	المحيط الهادئ
Noordelijke IJszee (de)	al muḥīṭ il mutaʒammid aʃ ʃimāliy (m)	المحيط المتجمّد الشماليّ

Zwarte Zee (de)	al baḥr al aswad (m)	البحر الأسود
Rode Zee (de)	al baḥr al aḥmar (m)	البحر الأحمر
Gele Zee (de)	al baḥr al aṣfar (m)	البحر الأصفر
Witte Zee (de)	al baḥr al abyaḍ (m)	البحر الأبيض

Kaspische Zee (de)	baḥr qazwīn (m)	بحر قزوين
Dode Zee (de)	al baḥr al mayyit (m)	البحر الميّت
Middellandse Zee (de)	al baḥr al abyaḍ al mutawassiṭ (m)	البحر الأبيض المتوسّط

| Egeïsche Zee (de) | baḥr 'īʒah (m) | بحر إيجة |
| Adriatische Zee (de) | al baḥr al adriyatīkiy (m) | البحر الأدرياتيكيّ |

Arabische Zee (de)	baḥr al 'arab (m)	بحر العرب
Japanse Zee (de)	baḥr al yabān (m)	بحر اليابان
Beringzee (de)	baḥr birinʒ (m)	بحر بيرينغ
Zuid-Chinese Zee (de)	baḥr aṣ ṣīn al ʒanūbiy (m)	بحر الصين الجنوبيّ
Koraalzee (de)	baḥr al marʒān (m)	بحر المرجان

| Tasmanzee (de) | bahr tasmān (m) | بحر تسمان |
| Caribische Zee (de) | al bahr al karībiy (m) | البحر الكاريبيّ |

| Barentszzee (de) | bahr barints (m) | بحر بارينس |
| Karische Zee (de) | bahr kara (m) | بحر كارا |

Noordzee (de)	bahr aʃʃimāl (m)	بحر الشمال
Baltische Zee (de)	al bahr al balṭīq (m)	البحر البلطيق
Noorse Zee (de)	bahr an narwīʒ (m)	بحر النرويج

79. Bergen

berg (de)	ʒabal (m)	جبل
bergketen (de)	silsilat ʒibāl (f)	سلسلة جبال
gebergte (het)	qimam ʒabaliyya (pl)	قمم جبليّة

bergtop (de)	qimma (f)	قمّة
bergpiek (de)	qimma (f)	قمّة
voet (ov. de berg)	asfal (m)	أسفل
helling (de)	munhadar (m)	منحدر

vulkaan (de)	burkān (m)	بركان
actieve vulkaan (de)	burkān naʃiṭ (m)	بركان نشط
uitgedoofde vulkaan (de)	burkān xāmid (m)	بركان خامد

uitbarsting (de)	θawrān (m)	ثوران
krater (de)	fūhat al burkān (f)	فوهة البركان
magma (het)	māɣma (f)	ماغما
lava (de)	humam burkāniyya (pl)	حمم بركانيّة
gloeiend (~e lava)	munsahira	منصهرة

kloof (canyon)	tal'a (m)	تلعة
bergkloof (de)	wādi dayyiq (m)	واد ضيّق
spleet (de)	ʃaqq (m)	شقّ
afgrond (de)	hāwiya (f)	هاوية

bergpas (de)	mamarr ʒabaliy (m)	ممرّ جبليّ
plateau (het)	hadba (f)	هضبة
klip (de)	ʒurf (m)	جرف
heuvel (de)	tall (m)	تلّ

gletsjer (de)	nahr ʒalīdiy (m)	نهر جليديّ
waterval (de)	ʃallāl (m)	شلّال
geiser (de)	fawwāra hārra (f)	فوّارة حارّة
meer (het)	buhayra (f)	بحيرة

vlakte (de)	sahl (m)	سهل
landschap (het)	manzar ṭabīʿiy (m)	منظر طبيعيّ
echo (de)	sada (m)	صدى

alpinist (de)	mutasalliq al ʒibāl (m)	متسلّق الجبال
bergbeklimmer (de)	mutasalliq suxūr (m)	متسلّق صخور
trotseren (berg ~)	taɣallab 'ala	تغلّب على
beklimming (de)	tasalluq (m)	تسلّق

80. Bergen namen

Alpen (de)	ʒibāl al alb (pl)	جبال الألب
Mont Blanc (de)	mūn blūn (m)	مون بلون
Pyreneeën (de)	ʒibāl al barānis (pl)	جبال البرانس
Karpaten (de)	ʒibāl al karbāt (pl)	جبال الكاربات
Oeralgebergte (het)	ʒibāl al 'ūrāl (pl)	جبال الأورال
Kaukasus (de)	ʒibāl al qawqāz (pl)	جبال القوقاز
Elbroes (de)	ʒabal ilbrūs (m)	جبل إلبروس
Altaj (de)	ʒibāl altāy (pl)	جبال ألتاي
Tiensjan (de)	ʒibāl tian ʃan (pl)	جبال تيان شان
Pamir (de)	ʒibāl bamīr (pl)	جبال بامير
Himalaya (de)	himalāya (pl)	هيمالايا
Everest (de)	ʒabal ivirist (m)	جبل افرست
Andes (de)	ʒibāl al andīz (pl)	جبال الأنديز
Kilimanjaro (de)	ʒabal kilimanʒāru (m)	جبل كليمنجارو

81. Rivieren

rivier (de)	nahr (m)	نهر
bron (~ van een rivier)	'ayn (m)	عين
riverbedding (de)	maʒra an nahr (m)	مجرى النهر
riverbekken (het)	ḥawḍ (m)	حوض
uitmonden in ...	ṣabb fi ...	صبّ في...
zijrivier (de)	rāfid (m)	رافد
oever (de)	ḍiffa (f)	ضفة
stroming (de)	tayyār (m)	تيّار
stroomafwaarts (bw)	f ittiʒāh maʒra an nahr	في إتجاه مجرى النهر
stroomopwaarts (bw)	ḍidd at tayyār	ضد التيّار
overstroming (de)	ɣamr (m)	غمر
overstroming (de)	fayaḍān (m)	فيضان
buiten zijn oevers treden	fāḍ	فاض
overstromen (ww)	ɣamar	غمر
zandbank (de)	miyāh ḍaḥla (f)	مياه ضحلة
stroomversnelling (de)	munḥadar an nahr (m)	منحدر النهر
dam (de)	sadd (m)	سدّ
kanaal (het)	qanāt (f)	قناة
spaarbekken (het)	xazzān mā'iy (m)	خزّان مائيّ
sluis (de)	hawīs (m)	هويس
waterlichaam (het)	masṭaḥ mā'iy (m)	مسطح مائيّ
moeras (het)	mustanqaʻ (m)	مستنقع
broek (het)	mustanqaʻ (m)	مستنقع
draaikolk (de)	dawwāma (f)	دوّامة

stroom (de)	ʒadwal māʼiy (m)	جدول مائيّ
drink- (abn)	aʃ ʃurb	الشرب
zoet (~ water)	ʿaðb	عذب

| ijs (het) | ʒalīd (m) | جليد |
| bevriezen (rivier, enz.) | taʒammad | تجمّد |

82. Namen van rivieren

| Seine (de) | nahr as sīn (m) | نهر السين |
| Loire (de) | nahr al lua:r (m) | نهر اللوار |

Theems (de)	nahr at tīmz (m)	نهر التيمز
Rijn (de)	nahr ar rayn (m)	نهر الراين
Donau (de)	nahr ad danūb (m)	نهر الدانوب

Wolga (de)	nahr al vulɣa (m)	نهر الفولغا
Don (de)	nahr ad dūn (m)	نهر الدون
Lena (de)	nahr līna (m)	نهر لينا

Gele Rivier (de)	an nahr al aṣfar (m)	النهر الأصفر
Blauwe Rivier (de)	nahr al yanɣtsi (m)	نهر اليانغتسي
Mekong (de)	nahr al mikunɣ (m)	نهر الميكونغ
Ganges (de)	nahr al ɣānʒ (m)	نهر الغانج

Nijl (de)	nahr an nīl (m)	نهر النيل
Kongo (de)	nahr al kunɣu (m)	نهر الكونغو
Okavango (de)	nahr ukavanʒu (m)	نهر اوكافانجو
Zambezi (de)	nahr az zambizi (m)	نهر الزمبيزي
Limpopo (de)	nahr limbubu (m)	نهر ليمبوبو
Mississippi (de)	nahr al mississibbi (m)	نهر الميسيسيبي

83. Bos

| bos (het) | ɣāba (f) | غابة |
| bos- (abn) | ɣāba | غابة |

oerwoud (dicht bos)	ɣāba kaθīfa (f)	غابة كثيفة
bosje (klein bos)	ɣāba ṣaɣīra (f)	غابة صغيرة
open plek (de)	minṭaqa uzīlat minha al aʃʒār (f)	منطقة أزيلت منها الأشجار

| struikgewas (het) | aʒama (f) | أجمة |
| struiken (mv.) | ʃuʒayrāt (pl) | شجيرات |

paadje (het)	mamarr (m)	ممرّ
ravijn (het)	wādi ḍayyiq (m)	واد ضيّق
boom (de)	ʃaʒara (f)	شجرة
blad (het)	waraqa (f)	ورقة
gebladerte (het)	waraq (m)	ورق
vallende bladeren (mv.)	tasāquṭ al awrāq (m)	تساقط الأوراق

| vallen (ov. de bladeren) | saqaṭ | سقط |
| boomtop (de) | ra's (m) | رأس |

tak (de)	ɣuṣn (m)	غصن
ent (de)	ɣuṣn (m)	غصن
knop (de)	bur'um (m)	برعم
naald (de)	ʃawka (f)	شوكة
dennenappel (de)	kūz aṣ ṣanawbar (m)	كوز الصنوبر

boom holte (de)	ʒawf (m)	جوف
nest (het)	'uʃʃ (m)	عشّ
hol (het)	ʒuḥr (m)	جحر

stam (de)	ʒiδ' (m)	جذع
wortel (bijv. boom~s)	ʒiδr (m)	جذر
schors (de)	liḥā' (m)	لحاء
mos (het)	ṭuḥlub (m)	طحلب

ontwortelen (een boom)	iqtala'	إقتلع
kappen (een boom ~)	qaṭa'	قطع
ontbossen (ww)	azāl al ɣābāt	أزال الغابات
stronk (de)	ʒiδ' aʃ ʃaʒara (m)	جذع الشجرة

kampvuur (het)	nār muxayyam (m)	نار مخيّم
bosbrand (de)	ḥarīq ɣāba (m)	حريق غابة
blussen (ww)	aṭfa'	أطفأ

boswachter (de)	ḥāris al ɣāba (m)	حارس الغابة
bescherming (de)	ḥimāya (f)	حماية
beschermen	ḥama	حمى
(bijv. de natuur ~)		
stroper (de)	sāriq aṣ ṣayd (m)	سارق الصيد
val (de)	maṣyada (f)	مصيدة

| plukken (vruchten, enz.) | ʒama' | جمع |
| verdwalen (de weg kwijt zijn) | tāh | تاه |

84. Natuurlijke hulpbronnen

natuurlijke rijkdommen (mv.)	θarawāt ṭabī'iyya (pl)	ثروات طبيعيّة
delfstoffen (mv.)	ma'ādin (pl)	معادن
lagen (mv.)	makāmin (pl)	مكامن
veld (bijv. olie~)	ḥaql (m)	حقل

winnen (uit erts ~)	istaxraʒ	إستخرج
winning (de)	istixrāʒ (m)	إستخراج
erts (het)	xām (m)	خام
mijn (bijv. kolenmijn)	manʒam (m)	منجم
mijnschacht (de)	manʒam (m)	منجم
mijnwerker (de)	'āmil manʒam (m)	عامل منجم
gas (het)	ɣāz (m)	غاز
gasleiding (de)	xaṭṭ anābīb ɣāz (m)	خط أنابيب غاز
olie (aardolie)	nafṭ (m)	نفط
olieleiding (de)	anābīb an nafṭ (pl)	أنابيب النفط

oliebron (de)	bi'r an naft (m)	بئر النفط
boortoren (de)	ḥaffāra (f)	حفّارة
tanker (de)	nāqilat an naft (f)	ناقلة النفط

zand (het)	raml (m)	رمل
kalksteen (de)	ḥaʒar kalsiy (m)	حجر كلسيّ
grind (het)	ḥaṣa (m)	حصى
veen (het)	χaθθ faḥm nabātiy (m)	خثّ فحم نباتيّ
klei (de)	ṭīn (m)	طين
steenkool (de)	faḥm (m)	فحم

ijzer (het)	ḥadīd (m)	حديد
goud (het)	ðahab (m)	ذهب
zilver (het)	fiḍḍa (f)	فضّة
nikkel (het)	nikil (m)	نيكل
koper (het)	nuḥās (m)	نحاس

zink (het)	zink (m)	زنك
mangaan (het)	manɣanīz (m)	منغنيز
kwik (het)	ziʼbaq (m)	زئبق
lood (het)	ruṣāṣ (m)	رصاص

mineraal (het)	maʿdan (m)	معدن
kristal (het)	ballūra (f)	بلّورة
marmer (het)	ruχām (m)	رخام
uraan (het)	yurānuim (m)	يورانيوم

85. Weer

weer (het)	ṭaqs (m)	طقس
weersvoorspelling (de)	naʃra ʒawwiyya (f)	نشرة جوّيّة
temperatuur (de)	ḥarāra (f)	حرارة
thermometer (de)	tirmūmitr (m)	ترمومتر
barometer (de)	barūmitr (m)	بارومتر

vochtig (bn)	raṭib	رطب
vochtigheid (de)	ruṭūba (f)	رطوبة
hitte (de)	ḥarāra (f)	حرارة
heet (bn)	ḥārr	حارّ
het is heet	al ʒaww ḥārr	الجوّ حارّ

| het is warm | al ʒaww dāfiʼ | الجوّ دافئ |
| warm (bn) | dāfiʼ | دافئ |

| het is koud | al ʒaww bārid | الجوّ بارد |
| koud (bn) | bārid | بارد |

zon (de)	ʃams (f)	شمس
schijnen (de zon)	aḍāʼ	أضاء
zonnig (~e dag)	muʃmis	مشمس
opgaan (ov. de zon)	ʃaraq	شرق
ondergaan (ww)	ɣarab	غرب
wolk (de)	saḥāba (f)	سحابة
bewolkt (bn)	ɣāʼim	غائم

regenwolk (de)	saḥābat maṭar (f)	سحابة مطر
somber (bn)	ɣā'im	غائم

regen (de)	maṭar (m)	مطر
het regent	innaha tamṭur	إنّها تمطر
regenachtig (bn)	mumṭir	ممطر
motregenen (ww)	raðð	رذّ

plensbui (de)	maṭar munhamir (f)	مطر منهمر
stortbui (de)	maṭar ɣazīr (m)	مطر غزير
hard (bn)	ʃadīd	شديد
plas (de)	birka (f)	بركة
nat worden (ww)	ibtall	إبتلّ

mist (de)	ḍabāb (m)	ضباب
mistig (bn)	muḍabbab	مضبّب
sneeuw (de)	θalʒ (m)	ثلج
het sneeuwt	innaha taθluʒ	إنّها تثلج

86. Zwaar weer. Natuurrampen

noodweer (storm)	'āṣifa ra'diyya (f)	عاصفة رعديّة
bliksem (de)	barq (m)	برق
flitsen (ww)	baraq	برق

donder (de)	ra'd (m)	رعد
donderen (ww)	ra'ad	رعد
het dondert	tar'ad as samā'	ترعد السماء

hagel (de)	maṭar bard (m)	مطر برد
het hagelt	tamṭur as samā' bardan	تمطر السماء بردًا

overstromen (ww)	ɣamar	غمر
overstroming (de)	fayaḍān (m)	فيضان

aardbeving (de)	zilzāl (m)	زلزال
aardschok (de)	hazza arḍiyya (f)	هزّة أرضيّة
epicentrum (het)	markaz az zilzāl (m)	مركز الزلزال

uitbarsting (de)	θawrān (m)	ثوران
lava (de)	ḥumam burkāniyya (pl)	حمم بركانيّة

wervelwind, windhoos (de)	i'ṣār (m)	إعصار
tyfoon (de)	ṭūfān (m)	طوفان

orkaan (de)	i'ṣār (m)	إعصار
storm (de)	'āṣifa (f)	عاصفة
tsunami (de)	tsunāmi (m)	تسونامي

cycloon (de)	i'ṣār (m)	إعصار
onweer (het)	ṭaqs sayyi' (m)	طقس سيّء
brand (de)	ḥarīq (m)	حريق
ramp (de)	kāriθa (f)	كارثة
meteoriet (de)	ḥaʒar nayzakiy (m)	حجر نيزكيّ

lawine (de)	inhiyār θalʒiy (m)	إنهيار ثلجيّ
sneeuwverschuiving (de)	inhiyār θalʒiy (m)	إنهيار ثلجيّ
sneeuwjacht (de)	'āṣifa θalʒiyya (f)	عاصفة ثلجيّة
sneeuwstorm (de)	'āṣifa θalʒiyya (f)	عاصفة ثلجيّة

FAUNA

87. Zoogdieren. Roofdieren

roofdier (het)	ḥayawān muftaris (m)	حيوان مفترس
tijger (de)	namir (m)	نمر
leeuw (de)	asad (m)	أسد
wolf (de)	ðiʾb (m)	ذئب
vos (de)	θaʿlab (m)	ثعلب
jaguar (de)	namir amrīkiy (m)	نمر أمريكيّ
luipaard (de)	fahd (m)	فهد
jachtluipaard (de)	namir ṣayyād (m)	نمر صيّاد
panter (de)	namir aswad (m)	نمر أسود
poema (de)	būma (m)	بوما
sneeuwluipaard (de)	namir aθ θulūʒ (m)	نمر الثلوج
lynx (de)	waʃaq (m)	وشق
coyote (de)	qayūṭ (m)	قيوط
jakhals (de)	ibn ʾāwa (m)	ابن آوى
hyena (de)	ḍabuʿ (m)	ضبع

88. Wilde dieren

dier (het)	ḥayawān (m)	حيوان
beest (het)	ḥayawān (m)	حيوان
eekhoorn (de)	sinʒāb (m)	سنجاب
egel (de)	qumfuð (m)	قنفذ
haas (de)	arnab barriy (m)	أرنب برّيّ
konijn (het)	arnab (m)	أرنب
das (de)	ɣarīr (m)	غرير
wasbeer (de)	rākūn (m)	راكون
hamster (de)	qidād (m)	قداد
marmot (de)	marmuṭ (m)	مرموط
mol (de)	ҳuld (m)	خلد
muis (de)	faʾr (m)	فأر
rat (de)	ʒurað (m)	جرذ
vleermuis (de)	ҳuffāʃ (m)	خفّاش
hermelijn (de)	qāqum (m)	قاقم
sabeldier (het)	sammūr (m)	سمّور
marter (de)	dalaq (m)	دلق
wezel (de)	ibn ʿirs (m)	إبن عرس
nerts (de)	mink (m)	منك

bever (de)	qundus (m)	قندس
otter (de)	quḍā'a (f)	قضاعة
paard (het)	ḥiṣān (m)	حصان
eland (de)	mūz (m)	موظ
hert (het)	ayyil (m)	أيّل
kameel (de)	ȝamal (m)	جمل
bizon (de)	bisūn (m)	بيسون
oeros (de)	θawr barriy (m)	ثور برّيّ
buffel (de)	ȝāmūs (m)	جاموس
zebra (de)	ḥimār zarad (m)	حمار زرد
antilope (de)	ẓabiy (m)	ظبي
ree (de)	yaḥmūr (m)	يحمور
damhert (het)	ayyil asmar urubbiy (m)	أيّل أسمر أوروبّيّ
gems (de)	ʃamwāh (f)	شامواه
everzwijn (het)	xinzīr barriy (m)	خنزير برّيّ
walvis (de)	ḥūt (m)	حوت
rob (de)	fuqma (f)	فقمة
walrus (de)	faẓẓ (m)	فظّ
zeehond (de)	fuqmat al firā' (f)	فقمة الفراء
dolfijn (de)	dilfīn (m)	دلفين
beer (de)	dubb (m)	دبّ
ijsbeer (de)	dubb quṭbiy (m)	دبّ قطبيّ
panda (de)	bānda (m)	باندا
aap (de)	qird (m)	قرد
chimpansee (de)	ʃimbanzi (m)	شيمبانزي
orang-oetan (de)	urangutān (m)	أورنغوتان
gorilla (de)	ɣurīlla (f)	غوريلا
makaak (de)	qird al makāk (m)	قرد المكاك
gibbon (de)	ȝibbūn (m)	جيبون
olifant (de)	fīl (m)	فيل
neushoorn (de)	xartīt (m)	خرتيت
giraffe (de)	zarāfa (f)	زرافة
nijlpaard (het)	faras an nahr (m)	فرس النهر
kangoeroe (de)	kanɣar (m)	كنغر
koala (de)	kuala (m)	كوالا
mangoest (de)	nims (m)	نمس
chinchilla (de)	ʃinʃīla (f)	شنشيلة
stinkdier (het)	ẓaribān (m)	ظربان
stekelvarken (het)	nīṣ (m)	نيص

89. Huisdieren

poes (de)	qiṭṭa (f)	قطّة
kater (de)	ðakar al qiṭṭ (m)	ذكر القطّ
hond (de)	kalb (m)	كلب

paard (het)	ḥiṣān (m)	حصان
hengst (de)	faḥl al xayl (m)	فحل الخيل
merrie (de)	unθa al faras (f)	أنثى الفرس
koe (de)	baqara (f)	بقرة
stier (de)	θawr (m)	ثور
os (de)	θawr (m)	ثور
schaap (het)	xarūf (f)	خروف
ram (de)	kabʃ (m)	كبش
geit (de)	mā'iz (m)	ماعز
bok (de)	ðakar al mā'ið (m)	ذكر الماعز
ezel (de)	ḥimār (m)	حمار
muilezel (de)	baɣl (m)	بغل
varken (het)	xinzīr (m)	خنزير
biggetje (het)	xannūṣ (m)	خنوص
konijn (het)	arnab (m)	أرنب
kip (de)	daʒāʒa (f)	دجاجة
haan (de)	dīk (m)	ديك
eend (de)	baṭṭa (f)	بطة
woerd (de)	ðakar al baṭṭ (m)	ذكر البط
gans (de)	iwazza (f)	إوزة
kalkoen haan (de)	dīk rūmiy (m)	ديك رومي
kalkoen (de)	daʒāʒ rūmiy (m)	دجاج رومي
huisdieren (mv.)	ḥayawānāt dawāʒin (pl)	حيوانات دواجن
tam (bijv. hamster)	alīf	أليف
temmen (tam maken)	allaf	ألف
fokken (bijv. paarden ~)	rabba	ربى
boerderij (de)	mazra'a (f)	مزرعة
gevogelte (het)	ṭuyūr dāʒina (pl)	طيور داجنة
rundvee (het)	māʃiya (f)	ماشية
kudde (de)	qaṭī' (m)	قطيع
paardenstal (de)	isṭabl xayl (m)	إسطبل خيل
zwijnenstal (de)	ḥazīrat al xanāzīr (f)	حظيرة الخنازير
koeienstal (de)	zirībat al baqar (f)	زريبة البقر
konijnenhok (het)	qunn al arānib (m)	قن الأرانب
kippenhok (het)	qunn ad daʒāʒ (m)	قن الدجاج

90. Vogels

vogel (de)	ṭā'ir (m)	طائر
duif (de)	ḥamāma (f)	حمامة
mus (de)	'uṣfūr (m)	عصفور
koolmees (de)	qurquf (m)	قرقف
ekster (de)	'aq'aq (m)	عقعق
raaf (de)	ɣurāb aswad (m)	غراب أسود

kraai (de)	ɣurāb (m)	غراب
kauw (de)	zāɣ (m)	زاغ
roek (de)	ɣurāb al qayẓ (m)	غراب القيظ

eend (de)	baṭṭa (f)	بطّة
gans (de)	iwazza (f)	إوزّة
fazant (de)	tadarruʒ (m)	تدرج

arend (de)	nasr (m)	نسر
havik (de)	bāz (m)	باز
valk (de)	ṣaqr (m)	صقر
gier (de)	raɣam (m)	رخم
condor (de)	kundūr (m)	كندور

zwaan (de)	timma (m)	تمّة
kraanvogel (de)	kurkiy (m)	كركي
ooievaar (de)	laqlaq (m)	لقلق

papegaai (de)	babaɣā' (m)	ببغاء
kolibrie (de)	ṭannān (m)	طنّان
pauw (de)	ṭāwūs (m)	طاووس

struisvogel (de)	na'āma (f)	نعامة
reiger (de)	balaʃūn (m)	بلشون
flamingo (de)	nuḥām wardiy (m)	نحام وردي
pelikaan (de)	baʒa'a (f)	بجعة

| nachtegaal (de) | bulbul (m) | بلبل |
| zwaluw (de) | sunūnū (m) | سنونو |

lijster (de)	sumna (m)	سمنة
zanglijster (de)	summuna muɣarrida (m)	سمنة مغرّدة
merel (de)	ʃaḥrūr aswad (m)	شحرور أسود

gierzwaluw (de)	samāma (m)	سمامة
leeuwerik (de)	qubbara (f)	قبّرة
kwartel (de)	sammān (m)	سمّان

specht (de)	naqqār al ɣaʃab (m)	نقّار الخشب
koekoek (de)	waqwāq (m)	وقواق
uil (de)	būma (f)	بومة
oehoe (de)	būm urāsiy (m)	بوم أوراسي
auerhoen (het)	dīk il ɣalanʒ (m)	ديك الخلنج
korhoen (het)	ṭayhūʒ aswad (m)	طيهوج أسود
patrijs (de)	ḥaʒal (m)	حجل

spreeuw (de)	zurzūr (m)	زرزور
kanarie (de)	kanāriy (m)	كناري
hazelhoen (het)	ṭayhūʒ il bunduq (m)	طيهوج البندق

| vink (de) | ʃurʃūr (m) | شرشور |
| goudvink (de) | diɣnāʃ (m) | دغناش |

meeuw (de)	nawras (m)	نورس
albatros (de)	al qaṭras (m)	القطرس
pinguïn (de)	biṭrīq (m)	بطريق

91. Vis. Zeedieren

brasem (de)	abramīs (m)	أبراميس
karper (de)	ʃabbūṭ (m)	شبّوط
baars (de)	farx (m)	فرخ
meerval (de)	qarmūṭ (m)	قرموط
snoek (de)	samak al karāki (m)	سمك الكراكي

zalm (de)	salmūn (m)	سلمون
steur (de)	ḥafʃ (m)	حفش

haring (de)	rinʒa (f)	رنجة
atlantische zalm (de)	salmūn aṭlasiy (m)	سلمون أطلسيّ
makreel (de)	usqumriy (m)	أسقمريّ
platvis (de)	samak mufalṭaḥ (f)	سمك مفلطح

snoekbaars (de)	samak sandar (m)	سمك سندر
kabeljauw (de)	qudd (m)	قدّ
tonijn (de)	tūna (f)	تونة
forel (de)	salmūn muraqqaṭ (m)	سلمون مرقّط

paling (de)	ḥankalīs (m)	حنكليس
sidderrog (de)	ra"ād (m)	رعّاد
murene (de)	murāy (m)	موراي
piranha (de)	birāna (f)	بيرانا

haai (de)	qirʃ (m)	قرش
dolfijn (de)	dilfīn (m)	دلفين
walvis (de)	ḥūt (m)	حوت

krab (de)	salṭaʿūn (m)	سلطعون
kwal (de)	qindīl al baḥr (m)	قنديل البحر
octopus (de)	uxṭubūṭ (m)	أخطبوط

zeester (de)	naʒmat al baḥr (f)	نجمة البحر
zee-egel (de)	qumfuð al baḥr (m)	قنفذ البحر
zeepaardje (het)	ḥiṣān al baḥr (m)	فرس البحر

oester (de)	maḥār (m)	محار
garnaal (de)	ʒambari (m)	جمبريّ
kreeft (de)	istakūza (f)	إستكوزا
langoest (de)	karkand ʃāik (m)	كركند شائك

92. Amfibieën. Reptielen

slang (de)	θuʿbān (m)	ثعبان
giftig (slang)	sāmm	سامّ

adder (de)	afʿa (f)	أفعى
cobra (de)	kūbra (m)	كوبرا
python (de)	biθūn (m)	بيثون
boa (de)	buwā' (f)	بواء
ringslang (de)	θuʿbān al ʿuʃb (m)	ثعبان العشب

| ratelslang (de) | af'a al ʒalʒala (f) | أفعى الجلجلة |
| anaconda (de) | anakūnda (f) | أناكوندا |

hagedis (de)	siḥliyya (f)	سحليّة
leguaan (de)	iɣwāna (f)	إغوانة
varaan (de)	waral (m)	ورل
salamander (de)	samandar (m)	سمندر
kameleon (de)	ḥirbā' (f)	حرباء
schorpioen (de)	'aqrab (m)	عقرب

schildpad (de)	sulaḥfāt (f)	سلمفاة
kikker (de)	ḍifḍa' (m)	ضفدع
pad (de)	ḍifḍa' aṭ ṭīn (m)	ضفدع الطين
krokodil (de)	timsāḥ (m)	تمساح

93. Insecten

insect (het)	ḥaʃara (f)	حشرة
vlinder (de)	farāʃa (f)	فراشة
mier (de)	namla (f)	نملة
vlieg (de)	ðubāba (f)	ذبابة
mug (de)	namūsa (f)	ناموسة
kever (de)	χunfusa (f)	خنفسة

wesp (de)	dabbūr (m)	دبّور
bij (de)	naḥla (f)	نملة
hommel (de)	naḥla ṭannāna (f)	نملة طنّانة
horzel (de)	na'ra (f)	نعرة

| spin (de) | 'ankabūt (m) | عنكبوت |
| spinnenweb (het) | nasīʒ 'ankabūt (m) | نسيج عنكبوت |

libel (de)	ya'sūb (m)	يعسوب
sprinkhaan (de)	ʒarād (m)	جراد
nachtvlinder (de)	'itta (f)	عتّة

kakkerlak (de)	ṣurṣūr (m)	صرصور
teek (de)	qurāda (f)	قرادة
vlo (de)	burɣūθ (m)	برغوث
kriebelmug (de)	ba'ūḍa (f)	بعوضة

treksprinkhaan (de)	ʒarād (m)	جراد
slak (de)	ḥalzūn (m)	حلزون
krekel (de)	ṣarrār al layl (m)	صرّار الليل
glimworm (de)	yarā'a muḍī'a (f)	يراعة مضيئة
lieveheersbeestje (het)	da'sūqa (f)	دعسوقة
meikever (de)	χunfusa kabīra (f)	خنفسة كبيرة

bloedzuiger (de)	'alaqa (f)	علقة
rups (de)	yasrū' (m)	يسروع
aardworm (de)	dūda (f)	دودة
larve (de)	yaraqa (f)	يرقة

FLORA

94. Bomen

boom (de)	ʃaʒara (f)	شجرة
loof- (abn)	nafḍiyya	نفضيّة
dennen- (abn)	ṣanawbariyya	صنوبريّة
groenblijvend (bn)	dā'imat al ҳuḍra	دائمة الخضرة
appelboom (de)	ʃaʒarat tuffāḥ (f)	شجرة تفّاح
perenboom (de)	ʃaʒarat kummaθra (f)	شجرة كمّثرى
kers (de)	ʃaʒarat karaz (f)	شجرة كرز
pruimelaar (de)	ʃaʒarat barqūq (f)	شجرة برقوق
berk (de)	batūla (f)	بتولا
eik (de)	ballūṭ (f)	بلّوط
linde (de)	ʃaʒarat zayzafūn (f)	شجرة زيزفون
esp (de)	ḥawr raʒrāʒ (m)	حور رجراج
esdoorn (de)	qayqab (f)	قيقب
spar (de)	ratinaʒ (f)	راتينج
den (de)	ṣanawbar (f)	صنوبر
lariks (de)	arziyya (f)	أرزيّة
zilverspar (de)	tannūb (f)	تنّوب
ceder (de)	arz (f)	أرز
populier (de)	ḥawr (f)	حور
lijsterbes (de)	ɣubayrā' (f)	غبيراء
wilg (de)	ṣafṣāf (f)	صفصاف
els (de)	ʒār il mā' (m)	جار الماء
beuk (de)	zān (m)	زان
iep (de)	dardār (f)	دردار
es (de)	marān (f)	مران
kastanje (de)	kastanā' (f)	كستناء
magnolia (de)	maɣnūliya (f)	مغنوليا
palm (de)	naҳla (f)	نخلة
cipres (de)	sarw (f)	سرو
mangrove (de)	ayka sāḥiliyya (f)	أيكة ساحليّة
baobab (apenbroodboom)	bāubāb (f)	باوباب
eucalyptus (de)	ukaliptus (f)	أوكالبتوس
mammoetboom (de)	siqūya (f)	سيكويا

95. Heesters

struik (de)	ʃuʒayra (f)	شجيرة
heester (de)	ʃuʒayrāt (pl)	شجيرات

wijnstok (de)	karma (f)	كَرمة
wijngaard (de)	karam (m)	كَرم
frambozenstruik (de)	tūt al 'ullayq al aḥmar (m)	توت العُلِّيق الأحمر
rode bessenstruik (de)	kiʃmiʃ aḥmar (m)	كشمش أحمر
kruisbessenstruik (de)	'inab aθ θa'lab (m)	عنب الثعلب
acacia (de)	sanṭ (f)	سنط
zuurbes (de)	amīr barīs (m)	أمير باريس
jasmijn (de)	yāsmīn (m)	ياسمين
jeneverbes (de)	'ar'ar (m)	عرعر
rozenstruik (de)	ʃuʒayrat ward (f)	شجيرة ورد
hondsroos (de)	ward ʒabaliy (m)	ورد جبليّ

96. Vruchten. Bessen

vrucht (de)	θamra (f)	ثمرة
vruchten (mv.)	θamr (m)	ثمر
appel (de)	tuffāḥa (f)	تفّاحة
peer (de)	kummaθra (f)	كُمّثرى
pruim (de)	barqūq (m)	برقوق
aardbei (de)	farawla (f)	فراولة
zoete kers (de)	karaz (m)	كرز
druif (de)	'inab (m)	عنب
framboos (de)	tūt al 'ullayq al aḥmar (m)	توت العُلِّيق الأحمر
zwarte bes (de)	'inab aθ θa'lab al aswad (m)	عنب الثعلب الأسود
rode bes (de)	kiʃmiʃ aḥmar (m)	كشمش أحمر
kruisbes (de)	'inab aθ θa'lab (m)	عنب الثعلب
veenbes (de)	tūt aḥmar barriy (m)	توت أحمر برّيّ
sinaasappel (de)	burtuqāl (m)	برتقال
mandarijn (de)	yūsufiy (m)	يوسفي
ananas (de)	ananās (m)	أناناس
banaan (de)	mawz (m)	موز
dadel (de)	tamr (m)	تمر
citroen (de)	laymūn (m)	ليمون
abrikoos (de)	miʃmiʃ (f)	مشمش
perzik (de)	durrāq (m)	دراق
kiwi (de)	kiwi (m)	كيوي
grapefruit (de)	zinbā' (m)	زنباع
bes (de)	ḥabba (f)	حبّة
bessen (mv.)	ḥabbāt (pl)	حبّات
vossenbes (de)	'inab aθ θawr (m)	عنب الثور
bosaardbei (de)	farāwla barriyya (f)	فراولة برّيّة
bosbes (de)	'inab al aḥrāʒ (m)	عنب الأحراج

97. Bloemen. Planten

bloem (de)	zahra (f)	زهرة
boeket (het)	bāqat zuhūr (f)	باقة زهور
roos (de)	warda (f)	وردة
tulp (de)	tulīb (f)	توليب
anjer (de)	qurumful (m)	قرنفل
gladiool (de)	dalbūθ (f)	دلبوث
korenbloem (de)	turunʃāh (m)	ترنشاه
klokje (het)	ȝarīs (m)	جريس
paardenbloem (de)	hindibā' (f)	هندباء
kamille (de)	babunȝ (m)	بابونج
aloë (de)	aluwwa (m)	ألوّة
cactus (de)	ṣabbār (m)	صبّار
ficus (de)	tīn (m)	تين
lelie (de)	sawsan (m)	سوسن
geranium (de)	ibrat ar rā'i (f)	إبرة الراعي
hyacint (de)	zanbaq (f)	زنبق
mimosa (de)	mimūza (f)	ميموزا
narcis (de)	narȝis (f)	نرجس
Oostindische kers (de)	abu χanȝar (f)	أبو خنجر
orchidee (de)	saħlab (f)	سحلب
pioenroos (de)	fawniya (f)	فاوانيا
viooltje (het)	banafsaȝ (f)	بنفسج
driekleurig viooltje (het)	banafsaȝ muθallaθ (m)	بنفسج مثلث
vergeet-mij-nietje (het)	'āðān al fa'r (pl)	آذان الفأر
madeliefje (het)	uqħuwān (f)	أقحوان
papaver (de)	χaʃχāʃ (f)	خشخاش
hennep (de)	qinnab (m)	قنب
munt (de)	na'nā' (m)	نعناع
lelietje-van-dalen (het)	sawsan al wādi (m)	سوسن الوادي
sneeuwklokje (het)	zahrat al laban (f)	زهرة اللبن
brandnetel (de)	qarrāṣ (m)	قرّاص
veldzuring (de)	ħammāḍ (m)	حمّاض
waterlelie (de)	nilūfar (m)	نيلوفر
varen (de)	saraχs (m)	سرخس
korstmos (het)	uʃna (f)	أشنة
oranjerie (de)	dafī'a (f)	دفيئة
gazon (het)	'uʃb (m)	عشب
bloemperk (het)	ȝunaynat zuhūr (f)	جنينة زهور
plant (de)	nabāt (m)	نبات
gras (het)	'uʃb (m)	عشب
grasspriet (de)	'uʃba (f)	عشبة

blad (het)	waraqa (f)	ورقة
bloemblad (het)	waraqat az zahra (f)	ورقة الزهرة
stengel (de)	sāq (f)	ساق
knol (de)	darnat nabāt (f)	درنة نبات

| scheut (de) | nabta saɣīra (f) | نبتة صغيرة |
| doorn (de) | ʃawka (f) | شوكة |

bloeien (ww)	nawwar	نوّر
verwelken (ww)	ðabal	ذبل
geur (de)	rā'iḥa (f)	رائحة
snijden (bijv. bloemen ~)	qataʿ	قطع
plukken (bloemen ~)	qataf	قطف

98. Granen, graankorrels

graan (het)	ḥubūb (pl)	حبوب
graangewassen (mv.)	maḥāṣīl al ḥubūb (pl)	محاصيل الحبوب
aar (de)	sumbula (f)	سنبلة

tarwe (de)	qamḥ (m)	قمح
rogge (de)	ʒāwdār (m)	جاودار
haver (de)	ʃūfān (m)	شوفان
gierst (de)	duxn (m)	دخن
gerst (de)	ʃaʿīr (m)	شعير

maïs (de)	ðura (f)	ذرة
rijst (de)	urz (m)	أرز
boekweit (de)	ḥinṭa sawdā' (f)	حنطة سوداء

erwt (de)	bisilla (f)	بسلة
boon (de)	faṣūliya (f)	فاصوليا
soja (de)	fūl aṣ ṣūya (m)	فول الصويا
linze (de)	ʿadas (m)	عدس
bonen (mv.)	fūl (m)	فول

LANDEN VAN DE WERELD

99. Landen. Deel 1

Afghanistan (het)	afɣanistān (f)	أفغانستان
Albanië (het)	albāniya (f)	ألبانيا
Argentinië (het)	arʒantīn (f)	الأرجنتين
Armenië (het)	armīniya (f)	أرمينيا
Australië (het)	usturāliya (f)	أستراليا
Azerbeidzjan (het)	aðarbiʒān (m)	أذربيجان

Bahama's (mv.)	ʒuzur bahāmas (pl)	جزر باهاماس
Bangladesh (het)	banʒladīʃ (f)	بنجلاديش
België (het)	balʒīka (f)	بلجيكا
Bolivia (het)	bulīviya (f)	بوليفيا
Bosnië en Herzegovina (het)	al busna wal hirsuk (f)	البوسنة والهرسك
Brazilië (het)	al brazīl (f)	البرازيل
Bulgarije (het)	bulɣāriya (f)	بلغاريا

Cambodja (het)	kambūdya (f)	كمبوديا
Canada (het)	kanada (f)	كندا
Chili (het)	tʃīli (f)	تشيلي
China (het)	aṣ ṣīn (f)	الصين
Colombia (het)	kulumbiya (f)	كولومبيا
Cuba (het)	kūba (f)	كوبا
Cyprus (het)	qubruṣ (f)	قبرص

Denemarken (het)	ad danimārk (f)	الدانمارك
Dominicaanse Republiek (de)	ʒumhūriyyat ad duminikan (f)	جمهورية الدومينيكان
Duitsland (het)	almāniya (f)	ألمانيا
Ecuador (het)	al iqwadūr (f)	الإكوادور
Egypte (het)	miṣr (f)	مصر
Engeland (het)	inʒiltirra (f)	إنجلترا

Estland (het)	istūniya (f)	إستونيا
Finland (het)	finlanda (f)	فنلندا
Frankrijk (het)	faransa (f)	فرنسا
Frans-Polynesië	bulinīziya al faransiyya (f)	بولينزيا الفرنسية
Georgië (het)	ʒūrʒiya (f)	جورجيا
Ghana (het)	ɣāna (f)	غانا

Griekenland (het)	al yūnān (f)	اليونان
Groot-Brittannië (het)	briṭāniya al 'uẓma (f)	بريطانيا العظمى
Haïti (het)	haīti (f)	هايتي
Hongarije (het)	al maʒar (f)	المجر
Ierland (het)	irlanda (f)	أيرلندا
IJsland (het)	'āyslanda (f)	آيسلندا

India (het)	al hind (f)	الهند
Indonesië (het)	indunīsiya (f)	إندونيسيا

Irak (het)	al 'irāq (m)	العراق
Iran (het)	ʾīrān (f)	إيران
Israël (het)	isrāʾīl (f)	إسرائيل
Italië (het)	iṭāliya (f)	إيطاليا

100. Landen. Deel 2

Jamaica (het)	ӡamāyka (f)	جامايكا
Japan (het)	al yabān (f)	اليابان
Jordanië (het)	al urdun (m)	الأردن
Kazakstan (het)	kazaxstān (f)	كازاخستان
Kenia (het)	kiniya (f)	كينيا
Kirgizië (het)	qiryizistān (f)	قيرغيزستان
Koeweit (het)	al kuwayt (f)	الكويت

Kroatië (het)	kruātiya (f)	كرواتيا
Laos (het)	lawus (f)	لاوس
Letland (het)	lātviya (f)	لاتفيا
Libanon (het)	lubnān (f)	لبنان
Libië (het)	lībiya (f)	ليبيا
Liechtenstein (het)	liʃtinʃtāyn (m)	ليشتنشتاين
Litouwen (het)	litwāniya (f)	ليتوانيا

Luxemburg (het)	luksimbury (f)	لوكسمبورغ
Macedonië (het)	maqdūniya (f)	مقدونيا
Madagaskar (het)	madayaʃqar (f)	مدغشقر
Maleisië (het)	malīziya (f)	ماليزيا
Malta (het)	malṭa (f)	مالطا
Marokko (het)	al maxrib (m)	المغرب
Mexico (het)	al maksīk (f)	المكسيك

Moldavië (het)	muldāviya (f)	مولدافيا
Monaco (het)	munāku (f)	موناكو
Mongolië (het)	manyūliya (f)	منغوليا
Montenegro (het)	al ӡabal al aswad (m)	الجبل الأسود
Myanmar (het)	myanmār (f)	ميانمار
Namibië (het)	namībiya (f)	ناميبيا
Nederland (het)	hulanda (f)	هولندا

Nepal (het)	nibāl (f)	نيبال
Nieuw-Zeeland (het)	nyu zilanda (f)	نيوزيلندا
Noord-Korea (het)	kūria aʃ ʃimāliyya (f)	كوريا الشماليّة
Noorwegen (het)	an nirwīӡ (f)	النرويج
Oekraïne (het)	ukrāniya (f)	أوكرانيا
Oezbekistan (het)	uzbikistān (f)	أوزبكستان
Oostenrijk (het)	an nimsa (f)	النمسا

101. Landen. Deel 3

Pakistan (het)	bakistān (f)	باكستان
Palestijnse autonomie (de)	filisṭīn (f)	فلسطين
Panama (het)	banama (f)	بنما

Paraguay (het)	baraɣwāy (f)	باراغواي
Peru (het)	biru (f)	بيرو
Polen (het)	bulanda (f)	بولندا
Portugal (het)	al burtuɣāl (f)	البرتغال
Roemenië (het)	rumāniya (f)	رومانيا

Rusland (het)	rūsiya (f)	روسيا
Saoedi-Arabië (het)	as saʿūdiyya (f)	السعوديّة
Schotland (het)	iskutlanda (f)	اسكتلندا
Senegal (het)	as siniɣāl (f)	السنغال
Servië (het)	ṣirbiya (f)	صربيا
Slovenië (het)	sluvīniya (f)	سلوفينيا
Slowakije (het)	sluvākiya (f)	سلوفاكيا
Spanje (het)	isbāniya (f)	إسبانيا

Suriname (het)	surinām (f)	سورينام
Syrië (het)	sūriya (f)	سوريا
Tadzjikistan (het)	taʒīkistān (f)	طاجيكستان
Taiwan (het)	taywān (f)	تايوان
Tanzania (het)	tanzāniya (f)	تنزانيا
Tasmanië (het)	tasmāniya (f)	تاسمانيا
Thailand (het)	taylānd (f)	تايلند

Tsjechië (het)	atʃ tʃīk (f)	التشيك
Tunesië (het)	tūnis (f)	تونس
Turkije (het)	turkiya (f)	تركيا
Turkmenistan (het)	turkmānistān (f)	تركمانستان
Uruguay (het)	uruɣwāy (f)	الأوروغواي
Vaticaanstad (de)	al vatikān (m)	الفاتيكان
Venezuela (het)	vinizwiyla (f)	فنزويلا
Verenigde Arabische Emiraten	al imārāt al ʿarabiyya al muttahida (pl)	الإمارات العربيّة المتّحدة

Verenigde Staten van Amerika	al wilāyāt al muttahida al amrīkiyya (pl)	الولايات المتّحدة الأمريكيّة
Vietnam (het)	vitnām (f)	فيتنام
Wit-Rusland (het)	bilarūs (f)	بيلاروس
Zanzibar (het)	zanʒibār (f)	زنجبار
Zuid-Afrika (het)	ʒumhūriyyat afrīqiya al ʒanūbiyya (f)	جمهريّة أفريقيا الجنوبيّة
Zuid-Korea (het)	kuriya al ʒanūbiyya (f)	كوريا الجنوبيّة
Zweden (het)	as suwayd (f)	السويد
Zwitserland (het)	swīsra (f)	سويسرا

www.ingramcontent.com/pod-product-compliance
Lightning Source LLC
Chambersburg PA
CBHW070832050426
42452CB00011B/2247